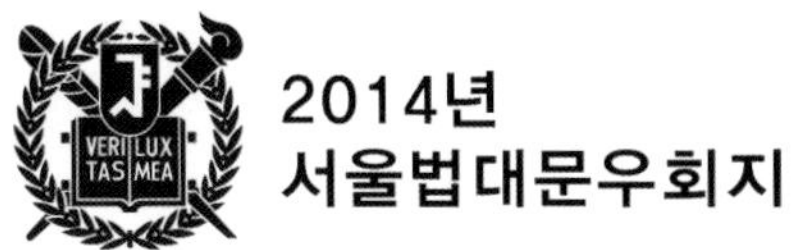


# Fides

## 제3호

귀 하

## 차 례

# 지상갤러리(Cover)

rose

표지 그림

## 주 광 일

17회

변호사(한국, 미국 워싱톤 DC)

김광로 作 Oil on canvas

## 김 광 로

23회, 화가, 전 LG그룹 사장
저서 『세계경영 크레도』
krkim46@naver.com

Chairman of India
Productivity Initiative
& India Yongwol Forum

# 지상갤러리

성베드로성당

**최 종 고**

24회, 서울대 명예교수, 한국인물전기학회장

저서 『괴테와 다산과 법』 외

시집 『시쓰는 법학자』, 역서 『라드부흐르 법철학』 외

chongkochoi@hotmail.com

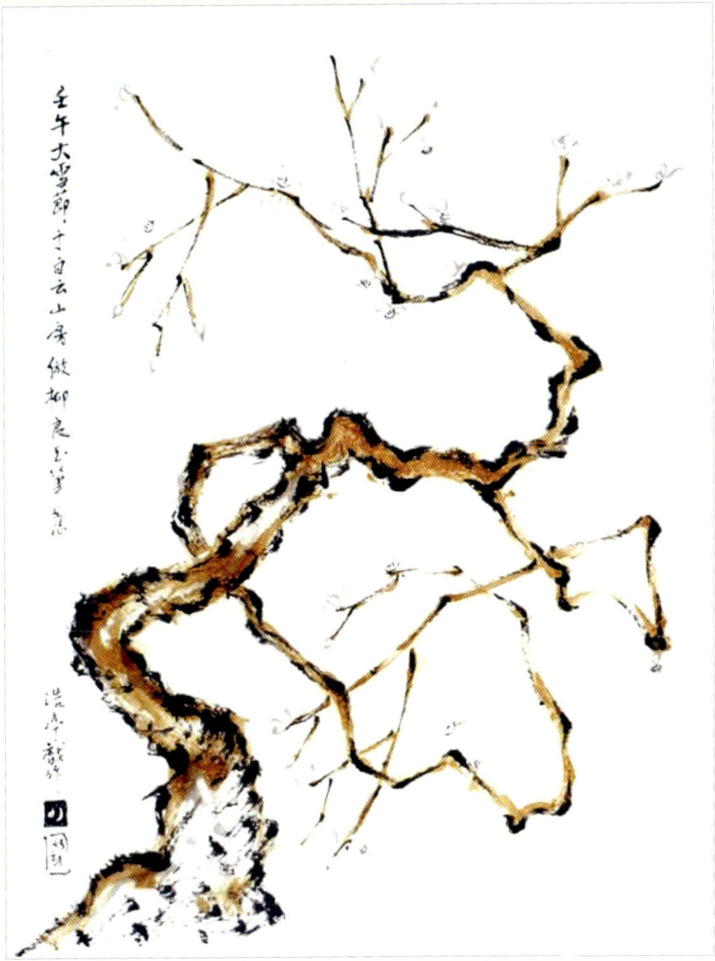

추억의 책갈피

## 이 석 희

24회

화가, 시인

정일 세무법인 대표 회장

dol3343@hanmail.net

<공고>

# 월별 글 모음 안내

그간 서울대법대문우회에 보내주신 관심과 사랑에 감사의 말씀을 드립니다. 지난해에 이어 올해도 『Fides』 3호를 발간하게 됨을 기쁘게 생각합니다. 이에 『Fides』 4호에 게재할 원고를 다음과 같이 모집하오니 많은 참여바랍니다.

• 다　　음 •

1. 매월 말 yuyu@yuyutour.com으로 형태 구애 없이 작품을 보내주시기 바랍니다.
2. 보내주신 원고는 회원 전원에게 회람하겠습니다.
3. 이 글을 모아 연말에 『Fides』 4호에 수록, 연말에 발간합니다.

서로의 발전과 회원 간의 교통이 이루어질 것을 기대합니다.
동창 여러분의 새로운 참여를 환영합니다.
글을 보내 주시면 바로 문우회 가입이 완료됩니다.

서울대법대문우회 회장 *김 영 수*

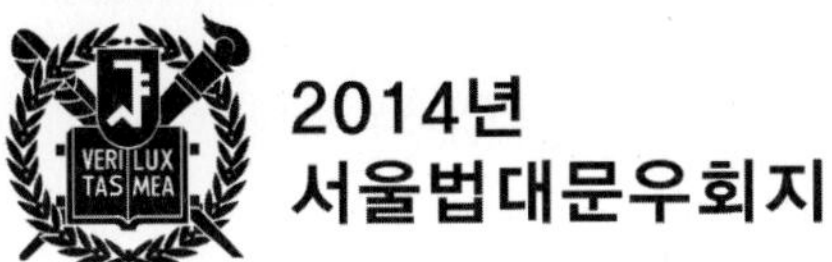


2014년
서울법대문우회지

# Fides

## 제3호

문학공원

# Fides가 소통과 역사를 정립하는 기구가 되기를 바라며

문우회장 김 영 수

故 유진오 박사께서 학창시절 낙산문학회를 주도하셨고 유기천 박사께서는 fides라는 제호를 文友會에 주셨습니다. 법대에서 사라졌던 Fides가 다시 태어나 동문들의 사랑을 받아 온지 벌써 세 해가 되었습니다. 매년 신년 하례식장에 입장하는 동문들마다 입구 테이블 위에서 Fides를 발견하고는 탄성을 내던 광경을 잊을 수 없습니다. 동창회로부터의 지원으로는 부족하여 비록 필자들 몇몇이서 주머니를 털어 만든 책이지만 기뻐하는 동문들을 대하며 역시 발간하기를 잘했다는 생각을 하고는 하였습니다. 특히 책을 읽은 후 단절되었던 선후배들 간의 소통이 재개되어 다시 만나는 기쁨을 누리는 분들 이야기를 들으며 그 즐거움은 더 하였고 그때마다 Fides라는 제호를 주신 유기천 교수님에 대한 향수를 느끼고는 하였습니다.

이 Fides가 단순한 동문간의 의사소통 기구로서의 역할을 넘어 과거를 정리하며 지난 세월 아무런 연관 없이 각 개별적으로 발생했던 것처럼 보였던 일들의 상호 연관성을 찾아 역사를 정립하는 동문들의 기구가 되어 가기를 바라는 마음입니다.

이에 더하여 이 글을 읽는 여타의 분들과도 지난 세월을 같이 공유하며 대학문화의 연속선에서 共生의 場이 열리게 되기를 바랍니다.

매월 문우회원들의 '글모음'을 통해 쌓인 시, 수필 그리고 논문들의 양이 너무 많아 이번 호에 다 싣지 못한 점 양해 바라오며 참여해주신 모든 분들께 감사드립니다. Fides책자를 기다리는 동문들께도 새해 축복을 보냅니다. 어려운 재정상황 아래서도 지원해주신 총 동창회에도 감사를 드립니다.

2015. 1. 26

# Fides 제3호 발간을 축하합니다

총동창회 회장 **김 동 건**

Fides는 1960년경 당시 법대 학장이셨던 월송(月松) 유기천 박사님께서 이름을 붙이셨는데, 기존의 법대학보와 법대신문을 통합한 공론지이자 문예지 성격이었다. 학창시절 Fides를 통하여 우리는 서로 소통하였고 삭막한 환경에 눌려 사라지려는 우리들의 감성과 정의에 대한 신념을 키워왔었다. 그러나 이 Fides가 1990년대 들어와 돌보는 이가 없어 학교에서 사라져 우리를 안타깝게 하였는데 2012년경에 들어와 몇몇 뜻있는 동문 분들이 모여 Fides의 뜻과 이름을 다시 살려내었고 이제 제3호를 발간하기에 이르게 되었다.

1년에 한 차례 동창회의 신년 하례식 때 Fides를 접하게 되는 동창들은 모두 환호하였고 우리가 다 같이 기뻐할 소재가 있음을 다행스럽게 여겨왔다. 많게는 수십 년의 차이가 나는 동창들이 글을 통해 서로 소통하며 이에 참여하지 않은 동문들까지도 일체감으로 기쁘게 하는 이 Fides의 생명력이 우리를 다시 하나로 묶어주고 있는 것이다. 이 Fides가 우리가 신의에 기초한 동창들임을 여전히 일깨워주고 있는 것이니 Fides를 창간하셨던 분들의 뜻이 오늘에까지 살아 숨쉬고 있다고 하겠다.

이제 제3호을 발행하게 되니 이를 축하드리며 계속하여 Fides가 당초의 뜻 그대로 법대 동창들의 소통의 기구가 되어 주기를 진심으로 축원드립니다.

2015. 1.

이준 李儁
Yi Jun
1859 - 1907
위대한 인물은 반드시 조국을 위하여
생명의 피가 되어야 한다. 이준
Great person should be the blood
of life for the motherland. Yi Jun

# Fides 연혁

<Fides>지는 1963년에 서울대 법대의 교수와 학생이 참여하는 공론지였다. '피데스'는 '신의' 혹은 '신뢰'를 뜻하는 말로, 아마도 법대인이 가장 신봉하는 '정의(justitia)'에 못지않은 중요한 가치요 이념이다. 당시 유기천 학장은 정의보다 오히려 신의가 더 소중한 가치라고 하였다. 창간호에 pacta sunt servanda(계약은 지켜져야 한다.)라는 표어에 맞추어 Fides sunt servanda(신의는 지켜져 한다.)라는 표어를 싣기도 하였다. 그런데 세월이 흘러 2000년대에 들어서 로스쿨로 바뀌는 과정에서 이 <피데스>지가 사라지게 되었다. 이를 매우 애석히 여긴 동창들은 그렇다면 법대동창들의 문우지로 부활시키자고 합의하였다. 대학제도는 시대에 따라 바뀌더라도 법대의 정신만은 살려나가자는 약속이다. 이것이 피데스의 정신이다. 또한 모교 교정에는 동창들이 마음을 모아 정의의 종과 이준 열사 동상을 세우고 면면한 법대정신을 보여주고 있다. 정의와 신뢰, 법대정신이여 영원할진저!

***정의의 종***

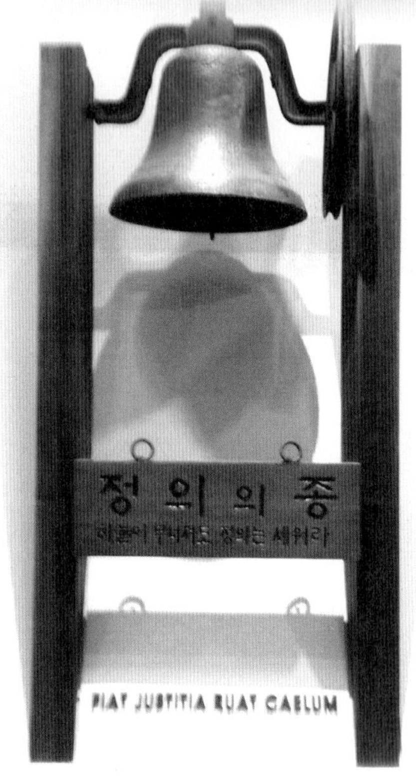


*종신에 새겨져 있는 문구;*
*FIAT JUSTITIA RUAT CAELUM*
***"하늘이 무너져도 정의는 지켜져야 한다"***

# 법대 문학인을 되돌아 본다

# 그리운 전혜린 선생님을 추모하며[1)]

박 영 희

## Mignon 동경(憧憬)

J.W. Goethe 괴테

| | |
|---|---|
| Nur wer die Sehnsucht kennt | 동경을 아는 자 만이 |
| Weiss, was ich leide | 내 괴로움을 알리 |
| Allein und abgetrennt von aller Freude | 홀로 모든 괴로움에서 떨어져 나와 |
| Seh ich ans Firmament nach jener Seite | 저 멀리 창공을 바라본다 |
| Ach, der mich liebt | 아! 나를 사랑하고 |
| und kennt | 나를 아는 이 |
| isst in der weite | 너무나 멀리 있구나 |
| Es schwindelt mir es brennt | 나는 현기증 나고 |
| mein Eingeweide | 내 가슴은 타들어 간다 |
| Nur wer die Sehnsucht kennt | 동경을 아는 자 만이 |
| Weiss, was ich leide | 내 괴로움을 알리 |

---

1) 편집자 주, 이 글은 2014년 4월 한국인물학회에서 발표한 발표문을 전재한 것입니다.

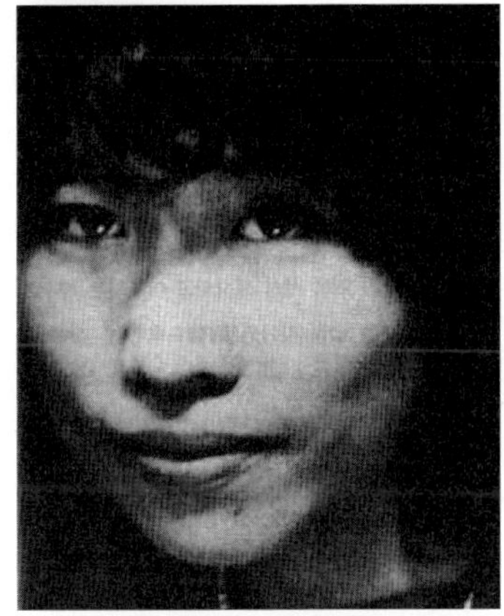

용인 오산리 산 천주교 공원 묘원 김수환 추기경님 가까이 선생님은 잠들어 계십니다.

평안으로 덮은 하이얀 침묵이 뜨거운 가슴을 잠재우고 신록의 사월은 그립고 그리운 몸짓으로 꽃잎을 휘날리며 반백년이 넘어 찾아온 제자의 등을 다독여주십니다.

선생님! 그립습니다. 사모합니다. 나직이 아뢰며 산철쭉 한 그루 심고 돌아갑니다.

1962년, 인생의 청춘이 열리던 아름다운 시절에, 대학로 여기, 법대 교정에서 전혜린 선생님과 저는 스승과 제자로서, 법대 8년 선배와 후배로서 축복된 만남을 가질 수 있었습니다.

내 동경의 먼 창공에서 찬란한 별처럼 다가온 인연의 추억을 아프게 회상하면서 선생님께 위로가 되어 드리지 못한 죄책감을 속죄하는 마음으로 선생님의 영원한 안식과 명복을 비는 간절함으로, 이토록 애통한 그리움으로 감히 귀중한 시간 이 자리에 섰습니다.

짧은 기간 동안 선생님의 극히 제한

▲ 전혜린 선생의 묘– 김남조 시인이 짓고 박준근이 쓴 묘비명

된 일면을 보았던 저로서 부족한 부분은, 오늘 이 자리를 함께하신 모든 분들께 제가 선물로 준비한 이덕희 선배님(13회)의 저서 『전혜린』을 통해 더 많은 것을 느끼시기 바랍니다. 저도 이덕희 선배님이 보내 주신 이 책을 보면서 더 깊은 공감으로 이 시간을 준비 할 수 있었습니다.

저는 고 1때 제2외국어로 독일어를 선택하게 되었습니다. 내가 전생에 독일에서 살았던 것처럼, 오랜 그리움의 대상을 만난 듯, 독일어는 내 가슴을 뛰게 할 정도로 좋았습니다. 학과목 공부도 뒤로하고 손에 닿는 대로 단편들을 읽고 헤르만 헤세, 괴테, 하이네 등의 시들도 암송하며 독일어 사람에 빠져 들었습니다. 대학 바로 입시 전까지도 읽고 있던 『괴테의 젊은 베르테르의 슬픔』을 완독했던 기억이 납니다. 독일어 만점이란 점수 덕분에 법대 합격의 행운을 얻을 수 있었을 것입니다. 독문학을 하고 싶었지만 제가 간직했던 소명을 이루기 위하여 법대를 지원한 까닭에 전혜린 선생인 제자가 될 수 있었으므로 독일어가 맺어준 인연이라 하겠습니다.

지금도 선생님과의 첫 만남을 또렷이 기억하고 있습니다. 첫 수업 시간, 검은 스카프를 머리에 두르고 자그마한 분이 강의실로 들어오는데 대학 교수라기보다는 잡행상이 들어왔나 의아할 정도로 왜소하고 보잘 것 없어 보였습니다. 저는 선생님에 대한 아무런 사전 정보가 없었던 터였으니까요. 그러나 선생님의 깊고 까만 큰 눈동자와 마주치는 순간 이상한 마력에 전율하고 말았습니다. 순식간의 일이었습니다. 번뜩이는 지성과 섬광 같은 광기가 서린, 정열에 찬 그 눈빛이 마치 집시 무용수의 애수에 찬 갈망 같은 많은 이야기를 담고 있는 것을 보았습니다. 그러면서도 오히려 무(Nicht, 無) 에 닿아있는 듯 현실을 초월한 신비스러움이 저를 매몰시키고 말았습니다. 언제인가 선생님 스스로도 자신 속에 집시의 피가 흐르고 있는 것 같다고 하신 적이 있습니다.

대학 1학년 때 법대 신문기자를 하며 꿈과 이상에 부풀어 소명에 불타고 있었던 저를 선생님은 애인 대하듯 각별히 예뻐해주셨습니다. 수업 시간에 들어오셔서도 공적으로 박영희라고 부르지 아니 하시고 강의실 가득 앉아있는 남학생들 아랑곳 하지 않으시고 "영희, 읽고 해석해봐!" "영희, 나와서 칠판에 글 좀 써 줄래?" 이렇게 다정하게 사적으로 대하시니 학우들의 놀림감이 되고 말았습니다. 선생님이 누굴 시키기가 무섭게 바로 "영희 시키세요, 영희요." 여기저기서 멋대로 이름을 불러대어 난처했습니다. 그 시절 우리는 남녀가 거의 외면하는 상태로 남학생도 여학생 앞에서 말도 붙이지 못했던 때였으니까요.

수업이 끝나면 선생님은 교실 밖에서 문에 기대서서 제가 가방을 챙겨 나오기를 기다리곤 했습니다. 우리는 팔짱을 끼고 대학로를 걷다 다방으로 들어가 위스키 티를 마셨습니다.

우유나 차를 못 마시게 했고 심지어 담배까지 같이 피우기를 강요했습니다. 아무도 상상조차 못할 때이었는데…….

그 해 첫 눈이 내리던 날이었습니다. 수업이 끝나고 우리는 팔짱을 낀 채 대학로 이 길을 함께 걷고 있었습니다. 선생님은 뮌헨의 하이세 마로네, 군밤냄새를 그리워하며, 낙엽 뒹구는 그 곳의 바람을 맞고 싶다고, 내 몸에 곰팡이가 피고 있다고, 온몸을 쓸어안으시며 향수에 몸부림치고는 했습니다.

뮌헨은 아시다시피 안개 자욱한 회색 보도에 레몬 빛 가스등, 거기 외로움과 주림이 대학생들을 휘감았습니다. 전란 이후 독일이나 한국이나 같이 많은 나라들이 몹시 어려웠던 시절이었습니다.

자유와 예술의 낭만, 유토피아라 할 수 있는 뮌헨의 슈바빙에서 만 3년을 살았던 선생님의 몸과 마음에는 그 곳의 향수가 짙게 배어있어 저도 그 것을 생생히 느낄 수 있을 정도였습니다.

그 시절 저희 대학생들이나 뮌헨 대학생들의 세계란 물질 궁핍, 식사부족, 수면부족에도 불구하고 오히려 패기는 하늘을 찔렀고 오만한

▲ 뮌헨시 전경

젊음과 순수 정신은 오로지 '인식'에 바쳐져 타협을 모르는 자기 유지의 노력만이 빛나고 있었던 것 같습니다. 이렇게 촌음을 아껴 몰두했던 선생님의 유학생활 모습이 귀국 후에도 고스란히 남아있었습니다.

머리도 빗지 않고 삼각 스카프를 눌러쓰고(선생님의 개성적인 패션이 되어버렸지만) 손톱에는 새까만 때가 낀 채로, 옷에 묻은 밥풀도 떼지도 않고 학교에 오신다든지 하여 전혀 남의 이목에 구애되지 않는 모습이 우릴 놀라게 할 정도였습니다. 오로지 금강석처럼 빛나는 '정신'만이 인류를 구할 수 있다는 '신념'에 차 있었으니 말 입니다.

다정다감한 마음씨와 예민한 감수성, 풍부한 상상력을 지닌 갓 스물을 넘긴 동양처녀가 겪었을 타국에서의 고독을 짐작이나 할 수 있을지 모르겠습니다.

제가 대학에 들어가 여름방학을 통도사 근처 천성산 내원사에서 한 달 동안 공부를 한 적이 있습니다. 그 산사에 저를 맡겨두고 어머니가 타고 떠나신 자동차가 고갯마루를 돌아보지 않게 되던 순간 – 미처 그런 일이 벌어지리라곤 생각도 못한 채, 사라지는 자동차를 향해 손을 흔들고 있었는데– 하늘 땅 사이에 혼자 버려진 깜깜함에 숨이 막혀 질식할 것만 같았습니다. 하늘이 무너진 듯, 산이 쩡쩡 울리게 엄마를 부르며 무작정 차가 사라진 산길을 계속 달렸습니다. 얼마를 달렸을까? 정신을 차렸을 때는 이미 어두워진 산속에 혼자 있는 나를 발견하고 놀라 다시 절 쪽을 향해 달리기 시작했습니다. 제 나라 제 땅, 그것도 아름다운 우리 산천, 늘 가보고 싶어 꿈꾸던 산사였는데도……. 혼자라는 첫 경험은 공포였습니다.

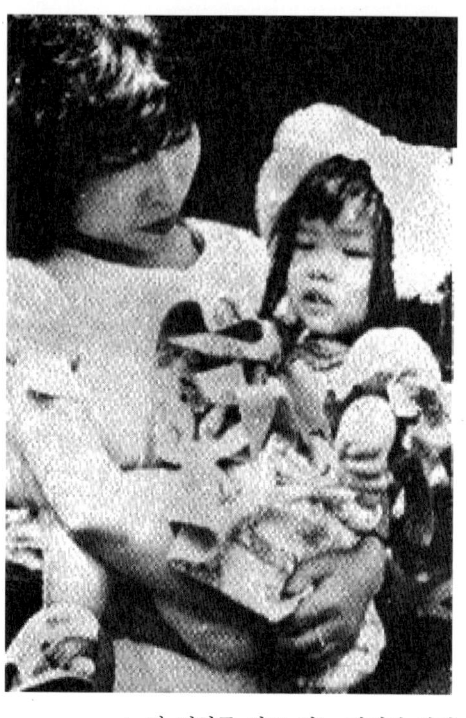
▲ 딸 정화를 안고 있는 전혜린 선생

진정 이역 멀리, 모든 것이 낯선 타국 땅에서 혼자라는 무서움, 그 고독이 얼마나 혹독했을까를 미루어 짐작하고도 남음이 있습니다. 그 때의 순수한 고독과 슬픔이 있었기에 언제나 그곳을 더욱 그리워하게 되었는지도 모릅니다. 그곳에서 선생님은 선천적인 예술가 기질의 소박하고 속되지 않으며 물질에도 인습에도 구애되지 않는 보헤미안적인 자유정신을 찬양한 철학이 깊숙이 생활화되었던 것 같습니다.

뮌헨 슈바빙은 릴케, 토마스 만, 게오르게, 토마스 울프, 루 살로메, 우리나라의 이미륵 등 수 많은 화가와 표현주위 시인들이 학생과 교수 속에 어울려 주민으로 살았던 예술의 거리 입니다.

그 시절 선생님의 시 「우수의 시」 한 편을 보면 잘 그려져 있습니다.

## 우수의 시

살아 숨 쉬는 땅은 슈바빙
나의 순수한 순간의 지속이 사는 땅
자유로운 정신
자유로운 인간이 현대를 살 수 있는 거리로구나!
그래서 나는 거닌다
안개 낀 가는 비가 자욱이 내리는
그대의 오지랖
잠잠하게 그려낸 도시 마을의 긴 거리를
나의 머리카락 나의 몸뚱이
안개에 젖었는가 실비에 젖었는가
눈에 보이면서도 잡히지 않고
잡히지 않으면서도 눈에는 보이는
슈바빙 레오폴드 거리의 잿 빛 분위기
그대 못 잊을 분위기가 좋아
시인도 소설가도 화가도 음악가도
이 곳 주민들이랑 어울려 술잔을 드는가?
학생이나 교수도 함께 어울려 합창을 이루는가?
맥주 실은 달구지는 고풍스레 지나가고
나는 그 들을 향해 천천히 걸어간다

이 시를 썼던 시절, 선생님은 낮도 밤도 없이 번역일을 했습니다. 샤강의 어떤 미소, 슈나벨의 안네 프랑크 – 한 소녀의 걸어간 길, 이미륵의 압록강은 흐른다, 게스터너의 화비안, 구드리히와 하케드의 공저 -안네 프랑크의 일기 등 수 많은 작품을 번역했습니다.

선생님이 평소 제일 좋아하셨던 보드렐르의 시처럼 언제나 술이든, 시(詩)로든 미덕(美德)으로든 하여간 뜨겁게 취해 있어서 '시간'이라는 중압감을 초극 할 수 있었는지 모릅니다. 그리고 인간 영혼의 가장 밑바닥, 그 섬세함을 나타내는 음악– 언어로는 불가능한 인간 자체의 본질에 가 닿는 소리– 오히려 그 것이 침묵이기 까지 한 경지를 깨달을 정도로 선생님이 깊이 빠져 연구했던 그릴 파르쳐의 시에서도 이러한 소리의 음악적 아름다움이 내재된 것을 발견 하고는 했던 것입니다.

이처럼 채워지지 않는 공허를 자유정신이라는 해탈에 가까운 경지로 충만케 하려는 구도자적 갈망이 젊은 선생님과 제 가슴에는 불타고 있었습니다. 세계와 자아가 합일 되는 그 충만의 순간에 얻어지는 열락이 자신의 갈망의 대상이라고 말씀 하신 적이 있습니다.

남학생 세 명, 여학생 두 명 우리 다섯 명은 독우회 스터디 그룹을 만들어 전혜린 선생님과 독일어 공부를 하게 되었습니다. 선생님께 사례를 드린 기억은 없고 늘 우리들에게 밥 사주시고, 술 사주시고 기쁨으로 헌신해주시는 공부모임이었습니다.

La Traviata 단편을 공부했을 때 여주인공 인물묘사 부분에서 'fresh und gesund"란 수식어를 제가 해변의 여주인공이니 신선하기 보다는 싱싱한 걸로 건강하기보다는 건상한 야싱미를 지닌 여인으로 "싱싱하고 건장한 여인"으로 번역했을 때 아주 활짝 소리내어 함께 웃으시던 모습이 지금도 눈에 선합니다. 선생님과 공부를 해갈수록 느끼는 감탄은 더 커져만 갔습니다. 우리가 그토록 꽉 막혀 쩔쩔매던 부분에서도 얼마나 적절하고 문학적으로도 아름다운 번역을 해내시던지 그 속의 천재를 자주 느끼며 경탄에 경탄을 하지 않을 수 없었습니다.

어느 날 선생님 댁에 초대되어 간 적이 있었습니다. 친정집에서 함께 살고 계셨을 때였던 것 같습니다. 망개떡을 한 바구니 가득 담아놓으시고 큰 주전자에 귀한 차도 끓여놓으시고 맥주는 박스 채로 사서 들여놓아 푸짐한 대접을 해주셨습니다.

그런데 방안은 온통 책들로 가득 차 발 디딜 틈이 없었습니다. 간신히 공간을 만들어 우리들은 둘러 앉아 읽고 먹고 충만한 공부시간을 가졌더랬습니다. 얼마나 황송하고 또 감사했던지 지금껏 그 책 냄새로 그냥 가슴이 벅찼던 그날의 분위기가 너무나 생생하여 많이 그립습니다.

그날 방의 벽 아래편은 선생님이 가장 사랑했던 동생, 전채린의 사진들로 도배가 되어있었습니다. 이화여대에서 안티고네 역을 맡았던 연극 공연 때의 사진들이었습니다.

경외심에 가까운 존경으로 동생을 사랑했던 선생님! 그 고귀한 영혼의 지순한 마음씨를 알 수 있습니다. 받는 것을 전제하지 않은 주는 자의 행복으로, 또한 그 고독으로 가슴 속에는 언제나 뜨거운 사랑이 샘솟고 있었던 전혜린 선생님!

누구보다도 뜨거웠고 아름다웠던 가슴, 꿈의 동경이 컸던 사람과 생의 환희, 너무나도 삶을 사랑했던 절대 순수성을 지닌 꿈꾸는 자로서의 그의 정신은 육신을 뛰어넘어 섬광처럼 영원히 살아 빛나고 있음을 지금도 느낍니다. “나는 절대를 추구한다.”고 외치신 선생님의 무섭도록 깊은 사랑에의 갈망! 심장이 터져야 하는 환희! 죽고 싶도록 괴롭고 외로운 슬픔과 번뇌의 환멸 등, 처절히 삶 가운데서 선생님은 존재, 그 존재 자체를 앓고 계셨던 것입니다.

우주 가운데 던져진 존재의 근본적 고독과 고통을 진정시키기 위해 죽음을 용납한다는 것, 그렇게 개체가 없어짐으로 전체 대자연의 고요와 합일되고 작은 하나의 생명이 큰 우주적 본래의 생명과 하나되는 경지의 절대 환희! 그래서 무(Nichts 無) 속에서의 극복을 신앙처럼 갈망하게 되는 것인지 모릅니다.

내 사전에 결혼이란 없다고 사명감에 불타있었던 저도 운명적(?)으로 결혼이란 걸 하게 되었습니다. 그것도 선생님 돌아가신 일주일 후에. 그러나 부산에서 결혼준비 중이던 저는 선생님 비보도 한 참 뒤에서야 접 하게 되었습니다. 그 순간 저는 마치 제가 선생님을 죽음에 이르게 한 것처럼 아프고 고통스러웠습니다. 독우회 모임은 제가 잠시 쉬어야겠다고 함으로서 중단되었고 그로 인해 선생님은 실망과 배신감으로 상처를 받으셨던 것 같습니다.

▲ 1963년 만리포에서. 동생들, 딸 정화와

얼마나 사랑해주셨는데……!

가톨릭 재단에서 저를 시카고에 있는 대학에 장학생으로 유학시켜 주겠다고 하여 시청 옆에 있는 Koream Republic에서 아침 9시부터 종일 영어공부를 해야 했습니다. 결국 유학도 졸업 후로 미루기로 했었지만……. 선생님을 찾아가 자초지종을 말씀드리고 오해를 풀었어야 했는데 왜 그러질 못했는지……, 너무나 후회가 큽니다.

그 후로 선생님의 모습이 많이 바뀌기 시작하는 걸 느낄 수 있었습니다. 성대 학생들과 어울려 지나치게 술을 드신다든지…….

선생님이 특히 좋아하셨던 그리스 여류시인 '사포'를 통해 또 한 번 확인되는 진실은 시인으로서의 재능과 고귀한 사명을 지닌 존재로서 동시에 지상적인 사랑을 향유할 수 없다는 것을 깨달았기 때문에 지중해에 몸을 던진 '사포'처럼 우리는 많이 죽음의 유혹에 시달립니다.

천추의 한으로 남는 것은 그토록 좋은 소설작품을 쓰고 싶어했던 선생님의 꿈을 이루지 못하고 일찍 떠나셨다는 것입니다.

세상에 나오지 못한 미완의 꿈이 너무나 짧은 선생님의 생애를 이토록 안타깝게 하고 있습니다. 그러나 섬광처럼 살다간 그의 짧은 삶이 한 편의 참된 생명의 작품으로 우리 가슴 속에 살아있음을 느낍니다.

생의 가장 벅찼던 순간에 함께 꿈꾸었던 이상과 소망이 가슴에 아픈 상처의 열매가 되어 남아있지만…….

선생님 무덤 앞에서 저는 용서를 빌고 빌었습니다. 선생님을 배신했던 것이 아니었다고. 제가 어려서 저질렀던 과오를 용서해달라고. 함께 했던 시절, 찬란했던 사월의 햇살처럼 빛나던 눈으로 선생님은 저를 안아주시는 것 같았습니다.

한이 서린 제 그리움을 담은 최근의 제 시조 "영지, 그리고 눈보라"와 김남조 선생님의 애도시를 읽는 것으로 두서없이 계속된 저의 이 부족한 얘기를 끝내려 합니다.

## 영지(影池)

박 영 희

이제는 늦었을까
물 그림자 떠났을까

징 소리 되돌아와
가슴 치며 다시 울까

아사녀 어디를 가고
나만 혼자 남았는가

## 눈보라

박 영 희

사무친 꿈이었으리
한(恨)도 깊은 설움이었으리

비워둔 내 뜨락
닫아 잠근 창가에

진종일
휘몰아치던
눈보라 너의 가슴

## 흰 눈발 더 희게

김 남 조

* 전혜린 선생님의 묘비에 일부분이 새겨져 있음

그대 꽃다운 나이에
하마 생명의 잔을 비우고 떠나는
허적한 뒷모습이여
간간이 흰 눈발 뿌리고
그대 탄생 월의 보석
자홍 석류석에도
눈물이 괴었어라
총명하여 총명하여
불 구슬처럼

빛나고 아프던 눈망울이여
아침 날빛에
저녁 어스럼에 되살아나는
영 못 잊을 눈망울이여
새삼 사람의 무상을
그대로 해 알겠거늘
가난한 어족 때처럼 지쳐
흰 목덜미 더욱 외롭던 이여
허지만
유한(有限)이야 없으리
그대가 받은 시간과 사랑
남김없이 다 쓰고
첫 새벽 흰 원고지 위에
한 자루 촛불 다 타듯
눈 감은 이여
흰 눈발
더 희게 나부낄 저승길을
너그러운 마음씨로
부디 모든 일 다 잊고 가시라

**박 영 희**

19회

# 김성칠의 생애와 문학

최 종 고

## 머리말

김성칠(金聖七)이라면 일반인에게는 그의 6.25전쟁 일기를 책으로 낸 『역사 앞에서』(창작과 비평사, 1993)의 저자로 알려져 있고, 조금 더 아는 사람이라면 그가 서울대학교 역사학 교수였나는 것을 알 것이다. 그러나 그가 서울법대의 전신인 경성법전을 졸업한 법학도였다는 사실을 아는 사람은 많지 않고, 또한 그가 서울법대에서 『조선법제사』 강의를 하였다는 사실을 모를 것이다. 돌아가신 이태영 변호사는 자서전에서 법대에서 가장 기억에 남는 강의가 김성칠 교수의 『조선법제사』 강의였다고 기록하고 있다[2]. 해방 후 김성칠

2) 이태영, <나의 만남, 나의 인생>, 정우사, 1991, 142쪽. "법제사를 가르치신 김성칠 교수는 특수한 분으로 내 머리에 꽉 차있는, 존경하는 선생님이시다. 정직하고 성실한 인품에 학문적 깊이는 따라갈 사람이 없을 정도로 실력 있는 분이었다. 특히 연암 박지원 얘기를 엮어갈 때쯤은 우리들의 넋이 반쯤 나간 상태가 되었다. 표현에 있어서 수사도 별로 쓰지 않으면서 얼마나 그 맛이 깊고 구수한지 듣는 이의 마음을 사로잡았다. 어울려 다니던 우리 동기들은 성격이 깔끔해서 교수들을 찾아가자는 얘기를 별로 하지 않았다. 그런데도 어느 날 우리는 김성칠 교수댁을 예고 없이 방문했다. 선생님은 마침 외출중이고 사모님인 이남덕교수가 아기를 안고 맞아주었다. 그때가 사모님을 처음 대면한 기회였다. 첫인상이 어쩌면 그렇게 김성칠 교수와 비슷한지 그 선생님에 그 사모님, 천생연분이란 말을 실감했을 정도로 두 분은 너무나 어울리는 한 쌍이었다. 후일 내가 이화여대에 봉직하게 되었을 때도 이남덕 교수를 제일 먼저 찾아뵈었던 것은 교수의 한 분으로서가 아니라, 내 마음 속의 사모님으로 모셨기 때문이다. 길지도 않은 짧은 기간 동안 정이 들었던 김성칠 교수, 그렇게 단단했던 분을 불의의 사고로 잃으니 큰 인재를 잃어버린 것 같아 가슴 아프다."

▲김성칠

의 『조선역사』(1946)는 국민필독서처럼 인기가 있었다고 한다. 나도 『역사 앞에서』를 읽고 전쟁의 소용돌이 속에서도 양심적 지식인이 일기를 써 역사의 증언을 남긴 것이 천만다행이고, 그것이 법대 선배인 역사학자에 의해 이루어졌다는 사실이 자랑스러워 김성칠에 대하여 관심을 갖게 되었다.

여기서는 간단한 생애검토와 함께 최근 서울법대 동창기념관에서 발굴한 새로운 자료를 소개하려 한다. 앞으로 김성칠에 관한 연구는 보다 본격적으로 이루어져야 하리라 믿는다.

## I. 생애

김성칠은 1913년 6월 18일 경북 영천에서 태어나 1928년에 대구고보(경북고) 2학년 재학 중 독서회사건으로 검거되어 1년간 미결수로 복역하고 퇴학되어 집에서 독학하였다. 동아일보 농촌구제책 현상모집에 당선되어 상금으로 일본으로 건너가 구주에서 중학과정을 마쳤다. 1934년에 서울의 경성법전에 입학하여 1937년에 졸업하였다. 재학 중 문학에 관심을 가졌고, 졸업 후 전남 대치, 경북 장기의 금융조합(농협의 진신)에 근무하였다. 이때 펄벅(Pearl Buck)의 『대지(The Good Earth)』를 번역하였고, 강용흘의 『초당(The Grass Roof)』도 번역하였다. 이 『초당』 번역서는 장충동의 한국현대문학관에 상설전시 되어있다. 한편 박지원의 『열하일기』 등에 관심을 갖고 국사연구를 하여, 1941년 경성제대 법문학부 사학과에 입학하였다.

그러나 1944년 학병소동을 피해 학교를 쉬고 금융조합에 다시 근무하다 이남덕(전 이화여대 국문과 교수)과 결혼하였다. 1945년 봉양에서 해방을 맞고 금융조합연합회 일을 보다 사직하고 경성대학을 졸업하고 사학과 조수로 연구생활을 하였다. 이때부터 모교인 경성법전에서 『조선법제사』를 강의하기 시작하여 서울대 법대에서도 계속하였다. 1947년 서울대 사학과 조교수로 임명되어 고병익 전 서울대 총

장과 함께 있었다. 1950년 6.25 발발 후 피난을 못가 인민군 치하에서 고생하다 12월에 1.4후퇴를 앞두고 부산으로 피난 가서 서울법대 가교사에서 강의하였다. 1951년 3월 4일 일기를 이렇게 적었다.

> "재판소 앞 변씨 법률사무소 방 한 칸을 빌려서 학생 스무나믄 명이 그 툇마루에 넘칠 지경이고……. 그 가열한 현실, 비통한 사태를 표현함이 좀 지나쳤는지 학생들이 이 구석 저 구석에서 훌쩍거리기 시작하여 나 자신 자꾸만 목이 메었다."(<역사 앞에서>, 314쪽).

변씨란 경성제대 법과 출신 변정규(卞廷奎, 1919-1993)씨(전 농림부 국장)를 말한다. 그는 동기인 국문학자 이희승 교수와 각별히 친하였다[3] 이 대목은 법대의 역사, 나아가 한국법학사에서 중요한 증언이

3) 최종고, <서울법대시대: 내가 본 서울대 반세기>, 서울대출판부, 2013, 19-21

다.

김성칠은 서울대 교수로 재직 중 1951년 괴한에 피살되어 38세로 민족사의 희생이 되었다. 아들 김기협도 부친의 뒤를 이어 『해방일기』 등 많은 저술을 내는 역사학자로 활동하고 있다.

## II. 새로운 자료

서울법대 동창기념관에는 동창회 자료 가운데 유난히 경성법전 15회의 앨범과 『법전 15동우지(法專十五同友誌)』 총8권이 보관되어 있다. 내가 보기에 이 앨범은 법대 역사 중에서 가장 잘 만든 앨범이다. 그리고 한 동기회에서 회보를 이렇게 정기적으로 발간한 예도 달리 보지 못했다. 경성법전 15회는 1937년 3월에 43명이 졸업했다. 홍승기, 이필영, 이보형(제일은행장), 이 철, 한래원(서라벌고 교사), 김성칠(사학자), 소진섭, 신태권, 김상규, 황시준, 조창희(변호사), 여인순, 최국현(유유산업 부사장), 김태욱(농림부 교육행정서기관), 박영수(인천태안양조장 사장), 김용성, 한성택, 현명섭(법제처 국장), 이수녕(변호사), 성낙훙(동성고 교사), 김의태, 최재호(체신부 차관), 엄주상(한국상업은행 부장), 김창한(예산중 교장), 박수찬(삼원특수금속 회장), 이병희(사법서사), 김상유(풍정산업 전무), 박유서(서울시 양정과장), 이공로, 연석희, 오홍근, 이 현, 강현식(보성중 교감), 서상륜(체신부 공무원), 서남수, 조영원, 유정식(삼정 사장), 주익순(대한적십자사 사무국장), 손광식, 김병규(전남대 교수), 신창현, 장인섭, 홍순탁 순이다.

동기회지 <법전15동우지>는 문학지가 아니고 일차적으로 동기

---

쪽.

들의 근황을 알리고 생각하는 바를 자유롭게 싣는 월간지였다. 주익순이 발행인 겸 편집인으로 경성부 중학정 46번지로 되어있다. 인쇄가 아니라 필생이 쓴 프린트판이다. 매호 50면 전후이다. 권두언이 있고, 근황통신에 이어 수필, 시, 단편, 번역 등 다분히 문학성이 느껴진다. 주익순의 추진력과 노력이 작용한 것 같은데, 문학사의 관점에서는 특히 김성칠과 이 철, 성낙흥의 글들이 돋보인다.

제 1호(1937.11.)에는 김성칠의 아래와 같은 근작시가 보인다.

> 지향 없이 흘러와서 어느 듯 두어 달
> 마음은 우울에 지친대
> 오늘도 북쪽 하늘은 내 가슴속 같이 흐리었구료.
>
> 텁텁한 마음
> 무더운 여름 날씨와도 같이
> 거리의 탁주라도 마시고 싶은 오늘의 내 슬픔
>
> 노래 같이 하던 이웃집 소녀는
> 직업을 찾아 정처 없이 떠나가고
> 침울한 하늘에 비 실은 구름이 북으로 움추기다
>
> 외로운 금호강변에 황혼이 기어들어
> 강 건너 밤나무숲이 어둠에 물들어올 때
> 흘러온 나그네의 마음 가을바람과 같이 서글다.

제2호 (1937.12)에도 그는 아래의 여러 편의 시를 싣고 있다.

## <경주회고>

(월성지)
반월성 옛터전 우거진 숲 우에 반월이 비낄제
석빙고에 깃드리는 귀뚜라미 구슬프다.

(안압지)
안압지 검푸른 물 위에 한숨이 서리우고
흐늑이는 수군의 가슴속에 천년역사가 조을고 있다.

(토함산)
동해의 물결 오늘도 예인듯 구비치건만
토함산 위엔 가을바람이 서귽으다.

## <포항기행>

배는 까마득한 수평선 위를 헤엄쳐 나가고
검은 하늘이 납덩이처럼 무겁게 드리운 오후
바다를 향하여 팔매질하는 항구의 색시
은빛 달 아래서 물결만 재롱거리고
갈매기의 휘파람소리에 깊어가는 바다의 밤

## <세장모(歲將暮)>

하늘은 회색 얼굴을 찌푸리고
싸락눈 침울한 대지를 헤엄치는 오후
나는 마음의 사막을 헤매이고

해는 저무려 하고
마음의 구름은 걷히지않고
날씨는 추위를 물어오고.

흐르는 마음
잃어버린 행복을 못잊어 발버둥치는
내 마음을 가까스로 타이르는 이 서름
겨울밤은 말없이 깊어가다

까무러져가는 내 이성의 등불을 밝히려
눈물을 삼키며 심지를 돋우는 이 한 밤
어이하리 불어치는 바람은 자꾸만 드세어가는구나.

## <모교를 찾아>

두꺼비가 깃드린다던 묵은 지붕은 보이지않고
교실엔 새 표어가 나부끼는데
2월의 눈바람이 가슴에 스며들어 차다

내 어린 날의 꿈을 아로새긴 성황산 기슭엔
낙엽진 나무가지만이 엉성할 뿐
요람을 찾아온 젊은이의 멍든 마음 아프다.

## <실심(失心)>

마음은 이성(理性)의 기반을 벗어나
방향 모를 곳으로 미끄러져 가고
끝없는 공허에 울고싶은 구름 낀 오후

## <마음의 방랑>

오래동안 잊었던 그 얼굴이
불현듯 내 마음의 거울에 나타나는 비오는 아침
이 가슴 멍멍하여짐이여 (금호강변에서)

제3호(1938.)에서는 「일기 한 토막」이란 수필과 시를 「한새 석불생」이란 익명으로 싣고 있다.

오늘 하루를 또 그리 번듯하지도 않은 일에 보내었습니다. 지금은 황혼의 한 걸음 앞, 수선을 피우던 이웃집 어린 학생도 가버리고 회색의 침울이 바닷물처럼 내 마음 속으로 밀려옵니다.

고요히 생각해보니 내 성격은 낮에 읽은 책의 주인공과 같이 무기력하고 주책이 없습니다. 구름 낀 11월의 저녁 무렵 외로운 방안엔 찬 기운이 들건만 벽에 불을 집히려도 나무의 준비마저 없습니다.

오늘 저녁일사 쌀 씻어 냄비밥 끓이는 일조차 유달리 힘드는 일같이 생각되어 염치없는 창자가 원망스럽습니다.

넓은 세상에 아무도 극진히 사랑하는 이 없건만 저윽히 사람이 그리워지기도 하고 어느 지구를 헤매인들 반가이 맞아줄 이 있으랴만 머니먼 곳으로 표박(漂迫)하여 보고 싶습니다. 불현듯 서울교외의 구비친 언덕길이 머리에 떠올라 가슴이 뭉클하여지기도 하고 갑자기 바다의 파도가 마음의 방파제에 부딪쳐 아늑한 해초의 향기를 가지고 오기도 합니다.

날마다 새 생활을 쌓아야겠다고 생각하면서도 언제나 옛등걸의 테안을 벗어나지 못하는 내 자신이 한껏 밉살스러워집니다.

바가지 사흘 들면 한 평생 놓지 못한다는 그 우스운 속담이 오늘 저녁과 같이 내 마음 속에 질감을 가져오리라고야 어찌 뜻하였으리까.

날은 점점 저물어옵니다. 방안은 갑자기 어두워집니다만 불을 켜기도 싫습니다. 저녁밥을 폈음인지 이웃집 솥 긁는 소리가 딴 세상에서 울려오는 것과 같이 아득히 들려옵니다. 턱을 고이고 가만히 눈을 감으니 지금 책상머리에 앉아서 하염없이 생각에 잠긴 이 몸이 실제인지 아닌지 의심스럽습니다.

이윽고 방안은 캄캄하여졌습니다. 텅 빈 집안에는 나의 숨소리밖에 아무런 음향도 없습니다. 나의 마음은 다시 명상의 나래를 펼칩니다. 다시 학창으로 돌아오라는 동무의 글월은 무어라 답하면 좋을까? 문을 여니 하늘마저 어둡습니다. 서산 위에 홀로 반짝이는 저 별은 흡사히 내 마음과 같습니다.

### <흐르는 마음>

봄날씨 같이 따뜻하던 끝에
갑자기 흰 눈이 자로 쌓입니다.
오늘 아침 얼음이 치로 얼었구료.

내 마음 가을하늘처럼 맑게 개이었더니
따로 겨울의 황혼과 같이 어둠이 깃드립니다.

종달새와 같은 명랑을 가질 수 없을진대
차라리 찬서리 내리는 이즈음의 아늑한 밤이 좋소이다.

마음의 거울에 구름이 기는 저녁은 외로워요.
그럴 때면 휘파람을 불어보아도 내 마음은 달랠 길 없소.

부엉이 구슬프게 울어제치고 창밖에 찬바람이 뒤설레는 밤이면
까닭없이 울고 싶은 때도 많소.

희망의 동아줄이 끝없이 가늘어져서 미풍에 나부낄 적엔
내 마음의 흔들림을 어이 할 길 없소.

## III. 김성칠과 이 철

김성칠의 기록에는 법전 동기생 이철(李哲)이란 이름이 자주 나오는데, 법무장관을 지낸 이인(李仁)의 동생이다. 서울법대 동창기념관에는 역대 졸업앨범이 수집되어 있는데, 유독 법전 15회의 앨범이 멋있다. 바로 김성칠, 이철의 동기인데, 한 사람씩 포즈를 취하여 찍은 전신사진을 수록하고 있다. 김성칠은 방에서 책을 쌓고 두루마기를 입고 독서하는 모습이 실려 있다.

• 이철

『법전15회동우지』 제4호(1938.)에는 이 철이 동경에서 보낸 글이 실려 있다.

신주쿠(新宿)에 끽다가(喫茶街)라는 부락이 있다. 좁은 낮에도 어두컴컴한 골목 속에 오목조목 몇 십 개 오락기관이 맞붙어있다. '바르샤크'니 '유하임'이니 하는 클래식을 하는 가게도 있으나 이런 종류는 드물고 나머지는 이른바 아메리카 직수입이라는 째즈전문점들이다. 물론 학생들은 안 들인다는 점잖지 않은 가게도 있다. 창현군이 출장와서 우리는 거나한 기분으로 여기를 왔다. 나는 조선여자 있다는 곳에 안내를 했으나 자욱한 연기 속에서는 몽고태생인지 또는 시베리아에서 온 것인지 알 길 없다.  다음 빠아에 가서 휘황한 샨델리아 아래 나는 처음 여성의 육체구조를 알았다. 병규군은 그 자리에서도 인간사회가 이러이러 복잡한 유기체이노라 강연을 했다.

어느 날은 또 창현, 병규, 수녕 외 몇 동무들과 지포(芝浦)의 부락을 가보았다. 같은 고장에서 몇 만리 와있어 그리하여 소매가리 쳐서도 반갑고 고추장 냄새를 서로 맡아내야 할 것이어늘 우리와 이 부락이라는 '견학'을 와야 할 만큼 떨어져 있는 것이다. 가생이를 방방 돌다 헛물을 키고 돌아왔다. 선잠 깬 강아지 우리를 맞지 아니함에야! 나는 약해져 골골하나 방방곡곡에 흩어진 동무들이 다 잘 살기를 빈다.

그리고 김성칠의 시들이 실려 있다.

### 일기초

외로이 피어난 한 떨기 唐菊이 가을을 속삭이는 싸늘한 아침
터분한 내 마음 저 하늘과 같이 개이고져

수수밭 너머로 박넝쿨 덮힌 지붕이 보이고
소 모는 처녀의 그 슬픈 얼굴
—동주기행

답답한 가슴 어일 길 없어 문을 여니 하늘도 어둡소
달도 지려하오.

외로운 이 밤에 그 강뚝을 다시 한 번 거닐고 싶다
시원한 강바람도 마시고 싶다
오늘밤도 강물은 잔잔한 물결을 지오며 흘러내릴 것이다
물새는 구슬픈 휘파람을 불고
내 지난날의 꿈이 깃드린 강건너 숲엔 스며드는 황혼의 빛깔이 아늑하려니

—금호강의 추억

취운정 언덕 위엔 이 해도 겨울이 짙어가고
밤이면 별들이 반짝일게다
생각하면 세월이 애닯아—
북극에나 가면 두 줄기 평행선이 서로 이어지는 날이 있을까
그대는 정녕 이 하늘 아래 살련만

—S의 추억

어두운 밤하늘에 눈보라 휘날리고
멀리 마음의 개짓는 소리 들리는 밤이면
한가닥 외로움이 가슴 속 깊이 골골이 파고듭니다

창밖에 함박눈이 말없이 내려쌓이고
이 마음을 달랠 이국의 술집은 없어
오늘밤은 하염없이 울고만 싶소

추억을 불사르는 진한 알콜이 그립다
부엉이도 노래를 잊어버린 적막한 이 밤에
내리는 눈발이 내 가슴 속을 에이는듯 스며드는구나

제5집(1939.12.25)에도 이철이 김성칠에게 보낸 「K에게」 라는 편지글이 실려 있다.

> 그대 사는 고장은 자동차도 갓갓으로 통하는 두레라 하오. 사방이 산으로 가려진 움푹 파인 마을이라 하오. 동무도 없고 활자도 구경하기 어렵다 하오. 상상컨대 있는 것은 오직 잠잠한 정적이리라. 응당 자극도 위안도 얻기 힘드리라. 받을만한 영향도 드므리라.
>
> 허나 친애하는 벗 K여,
>
> 여니 사람 여니 고장에는 어떤 색다름이 있다더라오. 백만 이백만 그 위에도 무리를 찾고싶은 피라믿 그 한가운데 에집트의 여왕처럼 엎드려 한낮 삼림의 꿈을 즐기는 사람도 있소. 성한 사람도 미치게하는 자극 속에서 불감증을 자랑하는 용감한 사나이도 있고-
>
> 요새같이 행복을 생각하는 적은 없나 보오. 그야 제멋에 사는 세상이니 행복도 행복 나름이라 할 수 있겠소. 그러나 古來에 사람은 빵만 갖고 사는 것은 아니라고.
>
> 맨처음 삼간두옥을 짓소. 명당자리를 잡아야하오. 뒤로는 푸른 그다지 험하지않은 산을 지고 앞으로는 아늑히 벌려있는 들, 반짝반짝 잔비늘 치는 것은 앞강에 뛰오르는 잉어요 강가에 서있는 뽕밭 이쪽에 서늘한 원두막 세우고 간단한 대장간도 세우고 늙은 부모 뫼시고 밤에는 오순도순 얘기를 하고 화투를 치오. 그분들도 돌아가시면 아이들 모아 씨름을 붙여놓고 나는 넓은 돌을 걷어나가오. 암말도 않고 별만 바라보고 비 오는 밤 눈 오는 저녁이면 희랍의 신화를 듣소.
>
> 일체 談話無用 입을 열면 이 꿈은 깨어지오. 파우스트의 영원의 노력을 생각하다가 몸도 마음도 지치면 나는 이런 꿈을 꾸게되오. 괴테를 사랑할 줄 모르는 나는 그러나 이 영원의 노력을 사랑하오. 무력한 나에게 이것만이 행복감을 가져다주는 까닭이오. (정말 행복을 노력

가운데 발견할 수 있다면 그는 얼마나 위대할까!)

게으름 피우는 날 더욱 행복을 생각하고 눈만 감으면 원두막이 나를 부르오. 참외서리가 나를 부른다오.

사랑하는 K여

이것이 최근의 나의 행복에 대한 개념규정이요. 산간에 문화를 찾는 그대는 지금 무엇을 생각하오

그대 위에 언제나 빛나는 별과 아름다운 꿈이 있기를 비오.

이에 답하듯 김성칠의 '그간 소식'이란 글이 실려 있다.

지난 봄에는 여러 가지로 심절한 위문을 주시와 감사불이하옵니다. 새삼스러운 말 같습니다만은 사람의 사는 것이란 도시 꿈같은 양 합니다. 아침에 저녁을 헤아릴 수 없는 것이 사람의 생명이 아닐까요. 그럴수록 우리는 좀더 보람있는 그날그날을 쌓아나가야 할 것입니다만은 저번 상경했을 때는 과분한 사랑을 입어서 학창시대의 감격을 새로이 할 수 있었습니다. 시일이 촉박해서 만나고싶던 몇몇 동무를 만나지못한 것은 이제껏 서운합니다만은, 비를 잊어버린 여름이 도망가고 수확 없는 논밭에 가을바람이 삽량합니다. 닥쳐오는 겨울과 봄을 실어나갈 일을 생각하니 우울하지 않을 수 없습니다. 여러 동무의 건강을 빕니다.

소식란에는 김성칠에 관하여 이렇게 적혀있다. "11월 초순 출판에 관한 교섭차 상경하여 3일간 체류하였다가 향리로 돌아갔다고. 작년도 노벨 수상자 미국여류작가 펄 벅의 『대지』를 번역하여 근근(近近) 인문사(人文社)에서 출판하리라는 기쁜 소식이 있다. 조선말 번역으로는 최초인만큼 군에 다대한 기대를 가지며 성원을 아끼지 않는다." 이것이 『대지』 번역에 관한 최초의 보도로 보인다. 다음호에는 "김성

칠 『대지』 가 출판되어 발매중(정가 2원) 많이 애독하여 주기를 바란다고"라고 보도되고 있다.

제6집(1940. 8. 20)에는 김성칠에 대해 이렇게 적혀있다. "2월 13일 고향 가던 길에 상경하여 일부일간 체류. 4월 초순 『대지』 교정 완료. 4월 하순 약1주일간 제주도로 여행하였는데 "섬의 동백꽃과 탐라 비바리는 참으로 좋다"라고. 5월 18일 서울 온 사이에 영일군 장기 금융조합으로 전근발령되어 27일 부임. "장기 묵은 성터에 오르면 동해를 호흡할 수 있다. 포항에서 70리 정기차로 한 시간. 산촌도 아니고 어촌도 아닌 비승비속의 곳이라 할까?"라는 단편 뉴스가 도착했다. 이어서 「남방기행」 이란 김성칠의 수필이 실려 있다.4)

다음호에는 이철에게서 읽을 책들을 추천해달라는 요청을 받고 김성칠은 이렇게 썼다.

무엇이든 사람에게 읽히우고 싶은 책을 말하라는 哲의 글월을 받고 새삼스리 내 생활의 공허를 느끼었다. 옛 성현의 말씀에 하루만 글을 읽지않드라도 입안에 가시가 돋힌다고 했는데, 나는 요지음 일에 몰리면 며칠씩 책과 담을 쌓고 지내는 일이 있다. 그 일이라는게 보람있는 것이라면 모르거니와 지저분한 市井의 잡일임을 생각할 때 더욱 마음이 송구스럽다.

어쩌다 기껏 정신 차려 읽는다는 것이 남들은 20 안팎에 마스터했을 듯한 기초부문의 서적들.

"나는 언제나 이 대문을 넘어서서 외골로 달아날 수 있을까" 생각하면 앞길이 까맣게 멀고 먼 성 싶다. 그러나 그러한 독서에 지치면 기분을 전환한다는 핑계로 읽는 것이 매우 말초적인 잡지가 아니면 하치않은 단행본들. 그걸 백년 읽고 쓴대야 내 마음에 일보의 進境이 있을상 싶지않다.

요사이 기를 쓰고 읽는 것이 栗谷全書. 내딴은 새로운 감흥을 느끼

4) 이것은 뒤에 <다시 보는 옛글> 란에 따로 게재한다.

지만 남이 보면 황망히 변천해가는 세기의 한복판에서 케케묵은 철겨운 경륜과 씨름하는 새파란 내 나이를 가엾어 할께고 "내 스스로 가끔 내가 가는 길이 대체 어디가 하고 당황해 할 지경이니 남의 눈에야 오죽이나 얼빠진 친구로 비치랴.

내 자신의 독서생활이라는게 이처럼 갈팡질팡인데 그 중에서 무얼 변변치않은 걸 들추어가지곤 대중없는 내 주관만 앞세우고 나서서, "이 책은 참 좋은 책이요. 여러분도 읽어보시오"하고 섯불리 추천하다간 3년 너머 못본 친구들에게 "그 작자 촌구석에 들어가더니 언제 개구리로 화신하여 우물 속에 처박혔느냐" 하고 웃음거리가 되겠기, 이번엔 아예 성수를 채려서 침묵을 지켜볼까 했더니 뒤미쳐 뒤리락치는 부라시의 독촉에 본시부디 그리 뱃심이 질기지못한 우리네야 배겨낼 재간이 없다.

말이 났으니 말이지 부라시의 독촉은 항상 점잖치못한 것이― 첫 번만은 남의 비위를 간지리듯 옥고 운운하고 당치않은 인사성을 부리지만 그 다음번부터는 반짓바른 엽서에 아주 똘또록한 글씨로 무어란 말도 없이 그저 덮어놓고 "그거 왜 기한이 지났는데도 이대도록 보내지않느냐. 너희 때문에 여럿의 일이 낭패가 되어간다" 하는 식이니 이걸 내 편 사정 모르는 남이 보면 동창회지 文債로는 새로이 바로 돈냥이나 뀌어쓰고 지지리 연체가 되어있는 꼴이니 여간 창피한 일이 아니다. 또 창피쯤이야 너나없이 낯가죽이 두꺼운 세월에 그리 안타까운 건 없다손치드라도 우리네 간이 신용을 밑천으로 근근이 입에 풀칠해 나가는 축들에겐 아주 치명적인 경우도 노상 없지말란 법도 아니다. 그러나 도리켜 생각하여보면 그저 소문인지 아부 사실인지는 내 눈으로 보지않았으며 알길 없지만 머리털도 홈 판다는 그 앙징스런 부라시라. 그러한 지나친 효과를 겨냥하고 짓구지 하는 짓일지도 모를 일이다.

그뿐 아니라 부라시의 하는 짓이란 하나도 신통한 구석이 없는 것이― 편집의 조력자를 구할라 치면 어디 사람이 그렇듯 귀해서 3년 묵은 항모꼬리 격인 맹추를 초빙해오느냐 말이다. 학교에 다닐 때 급장나리를 한답시고 겁적거리고 다니던 그 꼬락서니를 또다시 모시어오다니 기겁할 노릇이다. 이건 뭐 내가 그 자리에 눈독을 올리고 있다가 가로채여서 그 분푸리로 하는 역성이 아니다.

좀더 극성을 부리고 싶지만 지나치면 이 살뜰한 글이 부라시와 맹추의 忌緯에 접촉되어 휴지통에 들어갈 염려가 없지않으므로 목구멍까지 치미는 화를 꿀꺽 참고 가까스로 평정한 정신을 회복하긴 했으나 이미 탈선한건 엎지런 물인지라 물러올 수 없는 일이다.

옛날 그처럼 멍충이던 돌부처님이 어디 가서 반죽 좋은 수다를 배워가지고 와서 애꾸진 동창회지에 늘어놓느냐하고 눈살을 찌푸릴 친구도 있을 터이므로 바른 말 하거니와 벽초 홍명희 선생이 지으신 …『임꺽정』 을 읽었기 때문이다. 그러므로 나는 동무에게 『임꺽정』 을 읽으라고 권하고싶다. 이극로 선생은 언제나 『임꺽정』 을 평하여 조선말의 노다지라고 하셨지만 그건 어학자의 눈으로 보신 『임꺽정』 의 일부이고 한 말로 『임꺽정』 을 요약한다면 우리네들 옛생활의 만화경이다.

우리는 우리 文興시대의 가지각색의 생활을 엿볼 수 있고 허다한 우리 어머니랑 누이랑 형들의 모습을 찾을 수 있다. 우리는 이 책을 읽음으로써 수백년전의 우리 先民의 호흡을 호흡할 수 있는 것이 무엇보다도 대견하다. 나도 이때껏 내외지의 소설을 몇권 읽어보았지만 이처럼 재미있고 우리들의 감정에 어필하는 소설은 처음 읽었다. 우리는 이 소설과 친함으로써 눈부신 새 천지를 개척할 수 있고 진흙 속에 묻히었던 묵은 보배를 발굴할 수 있다. 언문책이면 모두 시시한 것 같이 생각하는 친구들은 함부로 흰소리 하지말고 이 책을 한번 읽고 말하라. 아직 전편이 완결되지 않았지만 이미 간행된 것 중에서 몇권만 먼저 읽어보아도 좋을 것이다. 그리고 이왕 내친 걸음이라 주제넘은 말이지만 이광수씨의 勞作들을 味讀해보면 취미진진한 중 얻는바 많으리라고 생각한다.

그 중에도 내가 읽고 가장 좋다고 생각된 것; 『유정』, 『흙』, 『그의 자서전』, 『사랑』 같은 순문예 소설과 『마의태자』, 『단종애사』, 『이순신』, 『이차돈의 死』 등의 역사소설이다.

물론 이곳 인텔리치고 그 중의 한두권을 읽지않은 이는 없겠지만 이 여덟권 전부를 자신있게 추천하는 바이다. 그러나 『단종애사』를 읽고 재미있었고 그 속편격인 『세조대왕』까지를 읽으랄 수는 없다. 그건 佛經에 佛心을 가진 이나 아니면 끝까지 읽어내기 힘드는 책이다. 그 외에도 역사소설로선 박종화씨, 현진건씨의 작품들은 그대로 읽을 맛이 있으나 모씨 작의 『견훤(甄萱)』만은 아예 읽지말라고 권하고싶다. 아직도 더 끄적이고싶은 생각이 꿀떡 같지만 쓰면 쓸수록 탈선하겠기 여기서 제형의 건강과 정진을 빌고 붓을 멈추기로 한다.

주목되는 것은 김성칠이 추천한 책들은 거의 모두 춘원 이광수의 작품들이었다는 사실이다. 그만큼 춘원은 당시 조선 청년지식인들의 정신세계에 큰 영향을 미쳤던 것이다.5)

같은 호에 이 철이 '讀김성칠군역 『대지』 후기'라는 글을 싣고있다.

펄 벅의 『대지』는 영화로 和文 번역으로 안본 사람이 드물 것이며 설사 안본 사람이 있다 하드라도 그것은 오로지 하두 세상에서 야단들이니 아니꼬와서.... 하는 데에서 나온 억지의 反感에서였을 것이다. 때마침 동양의 정세가 거들어서 신거격의 『대지』역과 영화 『대지』는 천하를 석권하는 느낌이 없잖았으나 하긴 아무리 그들의 광고는 야단스러웠다고는 하드라도 역시 『대지』 한 권은 우리로서 읽어둘 필요있는 책이었다. 새삼스러이 한글 『대지』가 세상에 나와야 할

---

5) 자세히는 이광수/최종고 편, <나의 일생: 춘원자서전>, 푸른사상사, 2014 참조. 특히 춘천고의 상록회 독서써클 회장 이연호에 미친 춘원의 영향에 관하여는 유동식/최종고, <화가목사 이연호평전>, 한들출판사, 2014.

필요가 있는 것인가 이러한 의문을 많은 사람이 갖게될 것이기는 하다.

괴팍스런 유행은 벌써 한물 가시이고 난 다음에 나온 이 『대지』.

기왕 펜을 든 이상은 따질 곳은 따지고 칭찬할 곳은 칭찬하고 해야 옳은 일이나 내가 그런 짓에 과연 적임인지 아닌지 스스로 잘 알고있다. 알면서도 감히 이 글을 쓰게된 것은 김군에게 文債가 있는 까닭이다. — 벌써 4년 전인가 여름에 귀향하였을 제 나는 김군에게서 이 번역 애기를 듣고 그 원고의 일부를 읽어본 일이 있었다. 이때부터 말하자면 심리적인 부채를 나는 짊어진 셈이다. 허나 지난번에 난산이던 책이 기어코 나오자 이내 나는 그 부채를 가졌더랬는데 그는 그것으로 미흡하다 한다. 직접으로 간접으로 또 공공연히 이번 회지상에서까지 악다구니를 쓰고있는 것은 짐작컨대 이러니 저러니 해서 발뺌을 할려들 것을 어림대여 놓고는 그런 강박을 해서 끝내 나에게 이런 글을 쓰게 할랴는 것일게다.

만약 그래도 안썼다간 훗날 그 벌됨으로 막걸리 잔이라도 톡톡히 사 내야할 지경이니 먹는거야 서로 좋다치드라도 그 찌그덕거림이 아예 겁나니 불가불 끄적거리기는 해야될 것 같다. 그래서 시작한다는 것이 대체 번역이란 왜 소용이 있는 것일까 하는 의문이다. 나는 상상한다. 한 개의 유토피아를 세계각국은 모조리 그 문화가 발달해서 하레벌우에 슨다하자. 그런다면 언어란 생활의 표현도구이니만큼 이른바 세계어랄까 한 개의 공통어도 생겨날 수 있을 것이다. 인류는 구태여 번역이란 힘만 들고 두드리지않은 노동을 필요치 않았을 것이다. 허나 이건 상상이고 현실에선 문화의 발전에는 불균형이란 것이 있어서 일률로 고르지가 못한 것을 우리는 보아 잘 안다. 제도가 다르고 정치가 다르고 자연적 조건이 다르며 풍속 기타 범백사가 다 다르다. 한말로 줄이면 사회에는 그 사회 독자의 전통이 있는 것이다. 지금 앉아 독일과 우리와의 문화 정도가 같다고는 도저히 말할 수 없다. 이 문화 발전의 불균형이라는 데서 번역은 기원한다. 우리가 앞선 문화를 좇아

가기위해서는 過度의 노력 가운데 번역이란 중요한 자리를 잡고있다. 이 노력이란 아까 말한 유토피아에 이를 때까지 계속될 것이오 혹시는 영원한 것일지도 모른다.

만약 번역이 이와 같은 것이라 하면 무릇 무슨 번역이든 다 좋을상 부르나 나는 여기서 잠간 『대지』의 일절을 가져와 본다.

오란은 산후조섭도 하지않고 곧 들에 나와서 남편과 함께 일하였다. 추수도 끝났다. 거둬들인 곡식은 개상돌에 두들겼다. 그 넓직한 개상돌은 무시엔 대돌로 쓰이는 것이었다. 다음엔 그들 내외가 도리깨질을 하였다. 이리하여 타작이 끝나자 그들은 알곡식을 바람에 부치었다. 그것은 대나무로 얽은 넓은 키에 곡식을 담은 것을 높게 받쳐들고 바람에 나부끼어서 괘세는 날라가고 알톨만 떨어지게하는 것이었다. 그리고 들에는 다시 겨울보리를 심었다. 왕룽은 밭을 갈고 오란은 그 뒤를 따라다니면서 괭이로 밭고랑에 있는 흙덩이를 쳤다.

여기에서 오란은 복순네로 하고 왕룽을 애아범으로 고치면 어디 충청도 두메의 일이나 아닌가싶다. 중국이란 나라를 원간이 모르기도 했지만 이렇듯 풍속이 같은 줄은 나는 이 한글 『대지』에서 알았다. 新居格의 것에서는 알 수 없었던 중요한 일면이다. 지금 신거격의 것이 좌석에 없어 책임있는 말은 더 않기로 하나 기억에 남은 영화 포올 무니와 루이스 레에너 공연의 그 영화에서는 소설 『대지』에 있는 주인공 왕룽의 땅에 대한 애착이라는 것이 거세당하다시피 되고 그 대신저 메뚜기 襲來하는 스팩타클 영화로 代置된 느낌이 없지않았다.

퍼얼 벅의 문학은 터놓고 말해 '현대' 문학의 범주 속에 들기 어렵다. 괄호 속에 넣은 현대란 나는 20세기 이후의 문학이론의 성과를 벅이 받아들이지 못하고 있다는 뜻에서 하는 말이다. 한 말로 벅의 소설은 쉽다. 그래서 『대지』 역시 쉽다. 얄궂은 심리해부도 없고 따라서 난삽한 시간구사법도 없다. 인물의 성격과 심리는 중국농촌의 靜謐한 停滯性 그것 마냥 그 환경 속에 휩쓸려 자고 먹고 일하고 다시 잠자는 왕릉 일가의 연대기 이것이 『대지』 다. 벅의 소설이 통속적이라고 일러지는 것은 혹시 이 담담한 자극 없는 口味에서 일지 모르나 모르면 모르되 벅의 소설은 통속적이 아니라 참뜻에서의 대중적이다. 읽어보라. 全卷을 덮는 휴머니즘. 열렬한 작자의 애정이 종이 위에 베어나온다. 한 마디 한 구절을 허술히 하지않는 번역이 중요한 대목에서 완연 번역이란 매개를 잊게끔 하는 것은 김군의 농촌에 대한 이해와 애정의 깊음에서 오는 것이라 믿는다.

김군의 노력을 칭찬하고 또 장래에의 정진을 믿으면서 마지막으로 한 마디 하고싶은 것은 한글의 언어구조와 외국어의 그것과를 좀더 공부해주었으면 하는 것이다. 예를 들면 외국어의 리듬과 우리말의 리듬과는 판연히 다르다. 이 리듬을 어떻게 옮겨놓아야 할 것인가 하는 문제는 비단 김군 하나에게만 부담될 것이 아니고 앞으로의 번역 전반이 해결해야할 숙제이기는 하지만.

또 한 가지는 같은 언어를 하나는 표준어로 쓰고 하나는 사투리를 쓰고있는데 원문은 어찌 되었는지 아마 어감을 고려해서 한 것이겠지만 어떨지 재고를 바란다. 예를 들어 나쁘나 부엌과 정지가 그것이다. 참고로 적으나 희곡 소개에는 번역과 또 하나 飜案이 있다.

여러 동무들이 이 귀한 번역 한 권을 동무를 사랑하고 격려하는 마음에서 숙독하여 주신다면 김군의 苦心은 빛날 것이며 보람이 있었다고 할 것이다. (책은 人文社에서 정가 2원으로 나왔다).

이철의 논평은 상당한 수준이다. 이 회지 7호가 나온 때는 이들이 졸업하고 4년이 된 때이다. 편집후기에 이렇게 적혀있다. " 간간 쓸거 아무것도 없는데 쓰라고 독촉만 한다고 짜증 비슷한 꾸지람을 받게되는 일이 있는데 그건 그렇게 생각할 것이 아니다. 왜냐하면 누구도 쓸게 있어서 쓰는 것이 아니라 예외없이 다 쪼들린 살림살이다. 허나 우리는 이 땅으로서는 지극히 드문 행복을 받어서 고등교육까지 밟아왔고 그 후 사회의 각분야에서 활약하고 있느니만큼 자기분야에서 또는 일상생활의 요모조모에서도 우리의 觀察眼은 빛날 수 있는 것이다."

第8호(1941. 8. 24)에는 김성칠의 「차장」이란 수필이 실려있다.

아침으로 포항 가는 차는 언제나 초만원이다. 16인승 중형차에 때로는 한 30명 타는 일도 있다. 운전대와 통로에까지 빽빽이 들어서고도 입구에는 미쳐 다 들어오들 못해서 문을 닫지못할 지경이다. 선 이들은 발로 밟지말라고 짜증이다.

한동안 정원을 고수하던 시대. 지금으로 보면 거의 비다싶은 차를 달리면서도 중간에서 태워주지않아서 고생한 것이 한두번이 아님을 생각하면 오히려 해롭지않은 일일성 싶으나 그래도 가끔 가다 너무 심하다고 미타하게 여겨지던 일도 적지않다. 다음 차 연락시간을 놓칠상 싶어 그 차를 박아타지못하면 그때그때의 사소한 불일이나마 낭패가 될성싶은 경우에 가뜩이나 늦게 온 차가 그나마 초만원인데도 中路에서 자꾸 손을 주워올리고 그러자면 자연히 내리고 오르는 시간이 서로 뚫고 비비고 하는 사이에 엄청나게 걸려서 그 때문에 다음 차와의 연락이 아주 어긋나게 될 때는 그렇게 지나치게 태우는 것이 몹시 불만일 경우도 있다. 그러나 역시 내가 중로에서 날 때는 아무리 초만원이라도 타고싶고 못하면 여간 섭섭한 것이 아님으로 미루어보아 사람의 마음이란 이토록 주책이 없는 것일까 하고 스스로 낯을 붉히는 일도 있다.

초만원인 자동차에서 제일 불쌍한 것이 차장이다. 손들은 제가 답답해서 그런대로 억지로 탄 것이니 말할 것도 없고 운전수는 비좁으나마 그래도 운전할 스페이스를 얻어서 떡 버티고 앉았지만 차장만은 몸 둘

곳이 없다. 심한 경우엔 문도 닫지못한 차에 거의 문밖에 매달리다시피해서 겨우 문고리를 붙들고 가는 것이 그 고생됨은 고사하고 까딱 잘못하면 여간 위험한 것이 아닐성싶다. 언젠가도 경인가도에서 그런 경우에 교통사고가 생겨서 공교로이 어느 불쌍한 과부의 외딸 차장이 희생을 당했다는 기사를 보고 애처러이 여긴 일이 있는데, 이렇게 되면 자동차 여차장이란 생명을 내놓은 직업일지니 그게 없지못할 그처럼 소중한 직업이며 또 그들은 그렇듯한 그 노고에 보답될만한 충분한 보수를 얻는 것일까 하고 생각하면 자못 한심한 일이다.

그게야 물론 교통사고를 일으키는 건 승무원 한 사람으로서의 차장의 책임도 없지않겠지만 내가 본 바로도 어떤 경우엔 차장의 연약한 힘으로썬 도저히 어찌 할 수 없는 사태에 이르는 일이 한두번이 아니다.

그만큼 요사이에 회사의 처리엔 무리한 일이 없지않으며 승객의 質이라든가 그 사회적 훈련에 있어서도 미흡한 점이 많다.

그렇지만 그런 건 그리 흔한 일이 아니고 또 설사 겨우 문을 닫았다 하드라도 차에 몸 둘 곳은 영이 없는 경우가 많다. 그도 나이 어린 차장이라면 승객들의 틈에 끼어서도 용하게 붙이어 갈 수 있지만 오늘의 차장 같이 나이도 들고 따라서 몸집도 페어난 사람이면 뭇 사나이 승객들의 사이에 비비적거리는 품이 남이 보기에도 딱할 지경이다.

오늘의 그는 얼굴은 그리 고운 편이 아니었다. 기름한 낯이며 그 뻣뻣한 윤곽이랑 해서 시골장정의 모습을 연상할만하고 힘에 겨운 생활고에 시달린 때문인지 그 버성버성한 몸맵시가 미를 찾아내기엔 힘들었으나 그래도 처녀의 나이 열여덟이나 되어 보이고 몸이 숙성한 편이서 제법 색시꼴이 박혔다. 그럴듯한 그가 날마다 초만원의 차 속에서 콩나물 박힌 듯한 승객들 틈에 기름을 짤 것이 여간 거북한 일이 아닐텐데 그나마 손들이나 점잖아야 할 말이지 그런 것만도 아니다.

나는 이때까지 그 차장의 차를 탄 것이 한두 번이 아니었고 그러한 상스러운 광경을 목도할 때마다 늘 그의 가정사정을 속으로 점쳐 본다. 그는 양친이 모두 있는 것일까. 있고도 너무 가난해서 조반석죽을 이을 길이 없으므로 과년한 딸에게 이렇듯 고된 노역을 시킬까. 그렇다면 혹시 차가 길에서 고장이라도 생겨서 딸이 제 시간에 대어오지못할 때 얼마나 안타까이 기다릴 것인가. 무시에라도 숙성한 딸이 이처럼 만원차에 시달림을 알면 얼마나 뼈저리게 생각할 것인가. 물론 차장은 그 부모의 마음 아파할 것을 짐작하고 나날이 겪어나는 일을 실상대로 말하지 않으리라. 혹은 어리 때 이미 부모를 여이고 일가친척의 집에 얹히어 살면서 그는 간혹 혼자 가슴에 쌓아두기엔 너무나 벅찬 서름이 있어도 호소할래야 호소할 곳도 없고 그래도 직업의 고난이 오히려 먼촌 올케나 아주머니의 눈칫밥 얻어먹기보다는 낫다고 생각하고 가지가지 뼈아픈 설움을 어린 가슴속에 묵색여버리는 것일까.

모르긴 하지만 그도 처음엔 이토록 오래 차장질 해먹을 생각은 없었을 것이다. 소학교를 가까스로 나오긴 했지만 집은 찢어지게 가난하고 부모는 밤낮 생활고에 억눌려 지내는데 집에서 편편하니 놀기가 민망하고 그렇다고 마땅한 직업은 없고 우선 한 1,2년 나이도 차지않을 동안에 다녀보리라고 생각하고 나선 것이 처음에 마음먹은 것과 같이 한이태 눌러있어봐도 어디 그리 탐탁한 직업은 눈에 띄지않고 집안 생계는 갈수록 어긋나고 수두룩한 동생들은 헐벗을 지경이어서 다달이 몇푼씩 받는 그나마 없어지면 통여 입에 풀칠이라도 해나갈 가망은 없고 이왕 내친 걸음이어서 한해 두해 하고 붙박혀있는 것이 자기도 미쳐 깨닫지 못하는 사이에 나이가 먼저 달음질해서 처녀의 나이 스물의 고개를 바라볼 지경인데도 이제 와서 주위의 사정이 헐수할 수 없으므로 고달픈 하루하루를 그대로 이어가는 것인지도 모를 일이다.

사실 그렇다면 그의 처지가 바로 내 처지인 것이 학교를 나와서 어

> 줍잖은 사정- 그보다도 내 미지근한 성격 때문에 한두해 직업을 가져 본다는 것이 한번 市井의 흙 속에 발을 들어놓은 것이 이에 잘못이고 또 좀처럼 얼풋 발을 씻고 물러서질 못해서 이 해 저 해 하는 것이 나도 모르는 사이에 3,4년의 세월이 거짓말처럼 지나가버리고 이제 사나이 나이 30의 고개를 바라보게되매 어쩐지 허전한 생각을 금할 수 없고 내가 바라보는 목표는 까맣게 먼데도 이렇듯 날이날 수 지름길만 헤매이고 벗어나야할 청춘의 하루하루를 마뜩지않은 市井의 번사에 골몰함을 생각하니 그 차장의 신세가 남의 일 같이 여겨지지 않는다. 그와 나와는 똑 같은 굴레를 쓰고 거기서 헤어나지못해서 버둥거리는 것이 아닐까.

동창소식란에는 이 철에 대하여 "4월 1일 인천상업전수학교에 취임하여 여러 과목을 담당하여 교수하는데 다행히 생도들은 이 선생의 별명은 모른다고".라고 적혀있고, 김성칠에 대하여는 "4월 5일 금융조합을 사임하고 경성제대 문학부에 入部하여 사학과에서 연구한다고. 角帽를 쓴 학생시대에 다시 돌아간 그 자태를 한번 보고싶다" 고 적혀있다. 이것이 김성칠이 역사학자로 시작하는 순간이다.

제8호에는 성낙흥이 나다니엘 호손(Nathaniel Hawthorne)의 『데빗 스원』을 번역하여 수회 연재하였다. 최종회에서 호손에 대해 이렇게 소개하는 글을 쓰고 있다.

> 나난니엘 호손은 미국 소설가. 서기 1804년 7월 4일 마사츄세츠주의 셀램에서 낫다. 1864년 5월 19일에 뉴햄프셔주의 플리머스시에서 죽다. 그는 1825년에 배틘대학을 졸법하고 1838년부터 1841년가지 보스톤에 있는 세관에 봉직하다. 1841년에는 殖産協會에 가입했고 1843년에야 마사츄셑주의 콩코드시에 設産하다. 1846년부터 1849년까지는 살렘항구의 검사관으로 있다. 그러다 1853년부터 1857년까지

에는 리버풀시에 미합중국 영사로 있다. 다시 3년간을 불란서와 이태리에 주재한 후 1860년에 고국으로 돌아오다.

성낙훙은 당시 충남 예산읍의 예산군양곡배합조합에 근무하고 있었다. 여기에서 우리는 법전 15회의 동기들이 이렇게 왕성한 문학활동을 한 사실을 볼 수 있다. 주목되는 것은 이들이 지식인으로서 창작만이 아니라 펄벅, 호손 등의 외국작가의 글을 읽고 번역을 하였다는 사실이다.

## Ⅳ. 6.25전쟁일기 <역사 앞에서>

김성칠의 6.25일기 <역사 앞에서>는 이제 국민필독서같이 한국전쟁의 가장 진실된 기록으로 인정받고 있다. 여기에 적힌 실상이 서울대를 비롯해 여러 가지로 반추해 보아야할 사항들이 있지만 여기서 상론할 수 없다. 다만 이철과의 관계에 대하여만 살펴본다. 이렇게 친한 동기친구가 이데올로기가 달라져 돌변하는 사실을 적나라하게 볼 수 있어 우리를 숙연하게 한다. 이철이 왜 좌경했는지는 모르지만 전쟁 중 친구와 상면하지도 아니하려하였다. 1950년 7월 20일 김성칠은 일기에 이렇게 적었다.

문화선전부에 갔더니 마침 철이 있었다. 대뜸 “너와 만나구 싶어서 찾아왔다. 마구 두들겨주고 싶은 일이 얼마든지 있다” 했더니, 뜻밖에 난처한 기색을 보이고“나 지금 한창 바쁜 중이니 밖에서 기다리면 열두시 점심참에 나가마.”한다. …철은 내 전문학교 때 가장 가까이 지내던 친구이다. 학교를 나와서도 우리 두 사람은 십년 넘게 지기(知己)로 사귀었다. 8.15 이후로 그가 보수적인 가정을 박차고 나와서 좌익운동을 하고 다니면서부터 피차의 길이 어긋나서 “정치광 노릇 그만하고 불문학 공부나 계속하려무나. 그게 진정한 민족과 사회를 위한 길일 것이다. 네놈들이 아무리 안간힘을 쓰기로서니 그로 하여 일이 바로잡힐 듯 싶으냐. 결국은 미소 중 어느 한 세력의 앞잡이 노릇을 한 폭밖에 되지 않으리니, 그 아니 어리석은 짓인가"하면 그도 지지않고 "네놈들처럼 민족과 국가의 운명이야 어느 지경으로 가든, 이를 남의 일처럼 좁은 연구실 창구멍으로 내다보고만 있을 수 있느냐 말이다. 옳고 그름을 판단할 수 있는 젊은 양심을 지니었다면 어찌 뛰쳐나와서 일하지 않고 가만히 앉아 배길 수 있을 것인가"하여 만나면 언제까지나 줄다리기를 끊이지 않았던 것이다……, 그러는 중에 우리들의 우정은 날로 깊어갔다. 그는 나를 가리켜 "미꾸라지에 기름 바른 놈"이라 욕하고, 나는 그를 대하면 "허파에 바람구멍이 난 미친놈"이라 욱박질러 주었으나 그는 이정(而丁)의 사인을 받은 책들을 나에게 보여주리만큼 나를 믿었고, 나는 그를 대하면 공산당의 욕을 마음놓고 할 수 있는 오직 한 사람의 친구였다.6)

이날의 일기는 책에 8페이지에 걸칠 정도로 길게 적었다. 그렇게 막역하고 결혼, 형님 이인과의 관계 등으로 얽힌 사이인데도 하루 종일 기다려도 만나주지도 않는 배반당한 심정을 절절하게 적었다. "나는 돌아섰다. 눈앞이 아찔하였다. 철은 틀림없이 있었건만……, 내 소리를 분명히 들었으렸만……, 나는 다리가 후들후들 떨렸다. 점심을 굶은 때문만이 아니다. 점심은 인민공화국 백성이 되면서부터 포기한 것이 아니냐. 돌아오는 길이 보이기도 하고 보이지않기도 하였다. 그래도 나는 울지는 아니하였다."고 적었다. 한국전쟁은 한국현대사의 최대비극이고 역사와 문학의 이슈이지만, 김성칠과 이철의 동기애는 역사와 문학의 주제가 될 스토리이다.

6) 김성칠, <역사 앞에서>, 창작과 비평사, 1993, 117-118쪽.

## 맺는말

김성칠에 관해 경성법전 15회동기회지에 실린 그의 글과 동기 이철과의 비극적 우정을 소개하다보니 어느덧 지면이 초과되었다. 앞으로의 본격적 연구를 위한 자료제공으로 여기서 그친다.

**최 종 고**

24회, 서울대 명예교수, 한국인물전기학회장
저서 『괴테와 다산과 법』 외
시집 『시쓰는 법학자』, 역서 『라드부흐르 법철학』 외
chongkochoi@hotmail.com

# 진지한 사유와 대담한 실험이 낳은 소설의 힘
## — 최인훈론 —

이 동 하

## 1. 최인훈의 문학세계

최인훈은 1936년 함경북도 회령에서 태어났다. 함경남도 원산으로 이사했다가, 1950년 12월, LST편으로 가족과 함께 월남했다. 서울대학교 법과대학을 다닌 후 통역장교로 입대하여 1963년 봄까지 7년간 군복무를 하게 되는데, 이 기간 동안 소설가로 등단했고, 『광장』을 비롯한 다수의 문제작을 썼다. 군에서 전역한 후에도 1973년까지 약 10년 동안 활발한 소설 창작을 계속했다. 이 시기에 그가 쓴 작품들 가운데서 오늘날까지 다수의 사람들에 의해서 가장 중요한 존재로 평가받고 있는 것은 『회색인』, 『서유기』, 『소설가 구보씨의 1일』, 『태풍』 등 네 편의 장편소설이다. 작가 자신도 이러한 평가에 대체로 동의하고 있는 듯하며, 후배 소설가 이창동과 나누었던 한 대담에서는, 『광장』 과 위의 네 편을 묶어서 5부작으로 보아 주었으면 좋겠다는 뜻을 피력하고 있기도 하다.[7] 그러나 1973년까지의 시기에 최인훈이 소설가로서 이룩한 값진 성취는 비단 이 다섯 편만으로 한정되는 것이 아니다. 「가면고(假面考)」, 「구운몽」, 「하 늘의 다리」 등의 뛰어난 중편과 「라울전(傳)」, 「국도(國道)의 끝」, 「웃음소리」 를 비롯한 수많은 우수한 단편들의 성과가 또한 그것과 나란

7) 최인훈·이창동 대담, 「최인훈의 최근의 생각들」, 『작가세계』 1990. 봄, p. 62.

▲ 최인훈 소설가

히 놓여 있는 것이다.

이 작품들 중 대다수에서 최인훈은, '우리는 일제 식민지 시대의 잔재와 분단의 질곡을 과연 어떻게 극복할 수 있을 것인가?'라는 문제와 치열하게 맞붙어 씨름한다. 그의 이러한 과제에 대한 도전은 한국인 혹은 한국문화의 정체성을 탐구하고자 하는 힘든 노력으로 자연스럽게 이어지며, 그 방향으로 나아가는 과정에서 숱한 의미 있는 성과를 창출한다. 그런데 여기서 우리가 발견할 수 있는 최인훈의 특별히 귀중한 미덕 가운데 한 가지는 그러한 모든 작업의 과정을 통하여 그가 한 번도 편협한 의미에서의 민족주의라는 함정에 빠져들지 않고 있다는 사실이다. 국가의 층위, 문명의 층위, 인류라는 종(種)의 층위, 지구의 층위, 우주의 층위 등 높낮이를 달리하는 여러 다채로운 층위들을 자유롭게 넘나들며 사유를 전개하는 민첩함과 유연함이 그것을 가능하게 한 것으로 보인다.

이러한 최인훈의 소설들을 두고 많은 사람들은 관념성과 계몽성을 거론해 왔다. 이러한 논의들 가운데서는 그 두 가지 성격을 높이 평가하는 관점에 서 있는 것이 다수이지만, 비판하는 입장에 서 있는 것도 물론 존재한다. 그러나 비판하는 입장에 서 있는 논자들 가운데서도 최인훈 문학의 중요성과 특이성 자체를 부정하는 사람은 거의 없는 것으로 판단된다. 이러한 판단은 최인훈이 소설을 활발하게 발표하던 당시에 대해서나, 그로부터 상당히 긴 세월이 흐른 후인 지금에 대해서나 마찬가지로 성립되는 것이다.

아무튼 최인훈은 위에서 말한 바와 같이 1973년 무렵까지 정력적인 소설 창작을 계속했지만, 『태풍』을 발표하고 난 후, 큰 변화를 보여주게 된다. 소설 창작을 중단하고, 3년간 미국에 체재하다가 돌아온 후, 극작가의 길을 걷게 되는 것이다. 그가 처음으로 발표한 희곡 작품은 1970년에 나온 「어디서 무엇이 되어 만나랴」였는데, 이것은 『삼국사기』에 나오는 온달과 평강공주의 이야기를 자유롭게 재해석한 것이었다. 그리고 미국에서 돌아온 1976년에 아기장수 전설을 재해석한 「옛날 옛적에 훠어이 훠이」를 발표한 것을 시작으로 하여, 1981년의 「한스와 그레텔」에 이르기까지, 여러 편의 희곡을 발표한다. 이러한 그의 희곡들은 한국인의 원형, 더 나아가서는 인간 일반의 원형을 시적이고 상징적인 언어로 탐구하는 데 초점을 둔 것이었는데, 문학적인 성과에 있어 소설의 그것에 못지않은 수준을 보여준 것으로 평가되었으며, 그 중 몇 편은 연극으로도 큰 성공을 거두었다.

그러나 1981년 이후에는 그의 희곡 창작도 중단된다. 1984년에 「달과 소년병」이라는 짧은 단편을 발표한 것 정도를 제외하면, 긴 침묵의 세월이 이어지게 되는 것이다. 물론 시론(時論)이나 수필 같은 비허구(非虛構)산문들은 계속 꾸준하게 쓰지만, 창작의 영역으로는 10년이 넘도록 다시 돌아오지 않는다. 왜 그가 이처럼 완강한 침묵의 성채에 자신을 가두게 되었는지, 많은 사람들이 궁금하게 생각할 수밖에 없었는데, 거기에 대한 최인훈 자신의 답변이 앞서 말한 이창동과의 대담에서 다음과 같이 제시된 바 있다. 1990년의 일이다.

> 나는 자신의 작품에 있을 만한 정력을 다 쏟아놓고, 그래서 내가 할 수 있는 이야기는 거기에 다 있다고 생각해요. 내가 과거에 쓴 작품 이상의 경지에 올라가는 작품을 쓰지 못한다면, 나한테 작품을 쓴다는 것 자체, 신작을 내고 안 내고의 문제는 아무 의미가 없는 겁니다. 내가 나를 한 발 더 끌어올리는 힘을 새로 쓰는 데서 발견했을 때, 거기에 뭔가 환희작약이 있는 거지 옛날에 쓴 걸 다시 늘여서 써봤다고 해서 착해지는 것도 아니고 슬기로워지는 것도 아니니까요.

하지만 최인훈은 이러한 발언을 하면서 다른 한편으로 다음과 같이 변화의 가능성을 열어두기도 했다.

> 그러나 이렇게 말하는 데서 끝낸다면 너무 위험한 상식이겠지요. 미래라는 것은 본인 자신도 예측할 수 없다는 것이 표면충동의 성격이기 때문에 공부하면서 기다리고 있습니다.[8]

그런데 최인훈으로 하여금 이런 기다림을 끝내지 않을 수 없게끔 만든 역사적 사건이 바로 그 다음 해에 발생한다. 바로 소비에트 연방공화국의 해체이다. 세계사적으로 막중한 의미를 갖는 것이면서 6.25 때 월남한 피난민이자 『광장』의 작가인 최인훈 개인으로서도 대지진에 준하는 충격으로 받아들이지 않을 수 없었던 이 사건과 맞닥뜨렸을 때 그것의 의미를 면밀히 검토하기 위해 새로운 소설의 창작에로 나아가는 것은 그로서는 피할 수 없는 과제였다. 이 과제를 끌어안고 고투한 결과로 쓰여진 것이 1994년에 발표된 장편 『화두』이다.

『화두』를 발표한 후 최인훈은 다시 침묵의 세계로 복귀한다. 2003년에 이르러 이 침묵이 잠깐 깨어진다. 이 해에 그가 단편소설 「바다의 편지」를 발표한 것이다. 아주 짧은 단편이다. 이 짧은 단편이, 적어도 2014년 현재의 시점을 기준으로 해서 보면, 그가 창작의 영역에서 내놓은 마지막 성과이다.

그가 2003년에 이 작품을 발표한 것은, 이 작품이야말로 그가 말한 바 '내가 과거에 쓴 작품 이상의 경지에 올라가는 작품'에 해당한다고 생각했던 결과일까? 그럴 수도 있고 안 그럴 수도 있다. 섣부른

---

8) 위의 대담, p. 63.

단정은 금물이다. 그러나 이 작품이 그것 자체로서 상당히 인상적인 문제작이라는 사실만은 부정할 수 없다. 그 점을 감안하여, 지금부터 이 작품에 대한 한두 마디 간단한 논의를 덧붙여 보고자 한다.

## 2. 「바다의 편지」에 대하여

「바다의 편지」에서 '편지'를 보내는 주체–일반적인 용어로 바꾸어 말하자면, 발화(發話)의 주체–는 얼마 전 바닷속에서 사망한 백골이다. 이름이 밝혀져 있지 않은 그는 "잠수정을 타고 최전방의 바다에서 정찰을 수행하는 특별히 위험한 임무를 지원"했다가 "적의 배에서 투하된 폭뢰"를 맞고 죽은 지 여러 날이 지나 바닷속에서 백골이 되었으며, 이제는 그 백골도 서서히 해체의 과정을 밟아나가고 있는 중이다. 이런 상태에 놓여 있는 그가 자신의 어머니를 수신인으로 하여 편지를 보내는 것이다. 그러나 이 소설 속에서 실제로 어머니에게 건네는 발화의 형태를 취하고 있는 것은 작품 서두의 두 개 문장과 작품 중간의 일부, 그리고 맨 마지막의 몇 줄뿐이고, 대부분은 백골의 독백에 해당하는 내용으로 채워져 있다. 어머니에게 보내는 편지의 외양을 취하고 있는 부분이나 단순한 독백의 형태를 취하고 있는 부분이나, 발화 주체의 언어를 통하여 작가인 최인훈 자신의 자못 진지한 사유를 담아내고 있다는 점에서는 공통된다.

이상과 같은 간략한 정리만 보아도 누구나 짐작할 수 있는 것처럼 「바다의 편지」는 대다수의 독자들이 소설을 읽을 때 일반적으로 기대하는 '그럴 듯함'이라는 요소를 철저히 무시해 버린 자리에서 자유롭게 쓰여진 소설이다. 최인훈은 작가 활동의 초기 단계에서부터 전통적인 사실주의의 기법과 거리가 있는 작품들을 드물지 않게 발표해 온 사람이지만 「바다의 편지」는 비(非)사실성 혹은 반(反)사실성이라는 측면에서 볼 때 최인훈의 소설들 가운데서도 가장 극단적인 지점에까지 나아간 경우로 간주되어 무방할 듯하다.

이처럼 비사실성 혹은 반사실성의 극단에 해당하는 지점으로 나아가면서 최인훈은 자신이 오래 전에 썼던 작품의 일부분을 해체하고 재편성하여 이 소설 속에 다시 집어넣는다고 하는, 아주 색다른 실험을 해 보이기도 한다. 구체적으로 말하자면 1962년에 쓰여진 중편 「구운몽」에 나오는 「해전」이라는 시와, 1968년에 쓰여진 중편 「하늘의 다리」 중 주인공의 환상을 기록한 부분에 해당하는 그 제13장을 각각 조각조각 나누어 해체한 다음 이 소설 속에 가져와서 다시 배치하고 있는 것이다. 「바다의 편지」라는 소설이 워낙 자유분방하고 파격적인 비사실-반사실 문학의 극점에 위치하고 있는 작품이다 보니, 이 작품 속에서 그처럼 희한한 실험이 행해졌어도 전혀

▲ 2011년 제1회 박경리문학상을 수상하고 정운찬 전 총리와 함께

어색한 느낌이 들지 않는다.

최인훈은 「바다의 편지」를 이처럼 희한한 실험을 포함한 비사실-반사실 소설의 극단에 해당하는 존재로 만들면서 앞서 말했듯 그 속에 '자못 진지한 사유'를 담아내고 있거니와, 결국 이 작품의 핵심적인 가치는 그 '진지한 사유'의 내용에 있다고 할 것이다.

본격적인 '「바다의 편지」론'을 의도하고 있지 않은 이 자리에서 그 '진지한 사유'의 면모를 세세히 살펴볼 여유는 없다. 나중에 혹시 기회가 있으면 따로 그러한 시도를 해 보겠지만 지금은 아니다. 여기서는 그냥 이 작품 속의 두 대목을 잠깐 읽어 보고 이야기를 마치고지 한다. 우선 첫 번째 대목을 보면 다음과 같다. 이 대목은 작품의 앞부분에 들어 있다.

> 물고기들이 여기저기의 나를 건드리고 지나가는 어떤 순간 나는 백골 쪽이 아니고 물고기들 쪽으로 옮아가서 내 백골을 건드리면서 헤엄쳐가는 느낌이 내 것이 되어 있음을 깨닫고 놀란다. 내가 조금씩 물고기 쪽으로 옮아가고 있는가. 어떤 때는 있을락 말락 한 바다의 움직임이 내 몸짓이라는 환각에 문득 사로잡힌다. 그러면 나는 바다가 되어가기도 한단 말인가. 또 어떤 때는 이 깊은 바다 밑바닥까지 겨우 와닿는 햇빛, 어쩌면 그것은 순전히 나의 착각일 수도 있지만 저 위에서 바다 바깥에서 온 어떤 기운이 되어 있는 나를 느낀다. 나는 빛이 된 것인가. 빛이 되려고 이 백골이라는 알 속에서 나는 깨어나고 있는 것인가.9)

「바다의 편지」의 위와 같은 대목을 읽으면서 나는, 우리 인간들이 생의 마지막 날까지 끌고 다니는 개아(個我)로서의 자의식이란

9) 최인훈, 『바다의 편지』(삼인, 2012), p. 514.

한낱 착각에 불과하며 생사(生死)를 넘어선 자리에서 보면 자(自)와 타(他)가 결국 둘이 아니고 만물이 궁극적으로 일체(一體)여서 내가 곧 물고기이기도 하고 바다이기도 하고 햇빛이기도 하다는 사실을 새삼 사무치게 깨닫는다. 이러한 사실을 알게 해 주는 텍스트는 물론 경전 가운데에도 있고 여러 이론서들 가운데에도 있다. 그러나 마찬가지 사실이라도 「바다의 편지」와 같은 소설을 통하여 그것을 다시 상기하게 되면, 방금 말했듯 그 사실이 '새삼 사무치게' 절절한 느낌으로 다가오는 것이다. 바로 이런 것이 소설의 힘일 것이다.

그런데 「바다의 편지」는 위와 같은 사실을 다시 한 번 상기시켜 주고 그것만으로 끝나는 것이 아니다. 소설의 말미에 이르러 또 한 가지 의미 있는 진실을 알려주고 그제서야 마무리를 짓는 것이다. 그 말미 부분이, 지금 내가 읽어 보고자 하는 두 번째 대목이다. 그것은 다음과 같은 문장들로 되어 있다.

> 어머니, 우리가 다시 만날 때까지는 너무나 오래 기다려야 할 지금, 그리고 그동안에는 제 이 부르짖음이 비록 바다며 별이며 바람이며 나뭇잎이며 어쩌면 지금 내 의식에 끼어드는 저 넋두리처럼 나와 알지도 못하는 다른 어떤 남의 말에까지 변신해서 옮아다닐 수는 있어도, 그것은 여전히 이 지금 생생한 내가 부를 수 있는 이름, '어머니'가 아니겠기에 나는 지금 어머니를 불러봅니다. 어머니, 들리지 않으시지요. 그래서 마음놓고 부릅니다. 어머니, 부디 안녕히 계세요. 다시 만날 그 때까지.[10)]

앞에서 내가 이미 말했듯 만물은 궁극적으로 일체이다. 그것은 틀림없는 사실이다. 그리고 만물이 일체이니만큼, 그 일체로서의 만물

---

10) 위의 책, p. 525.

가운데 어느 것과 어느 것이 더 가깝고 어느 것과 어느 것은 더 멀다는 식으로 친소(親疎)를 나누어서 논하는 것은 부질없는 짓이다. 이것도 틀림없는 사실이다.

하지만 살아있는 동안 속세(俗世)에서 속제(俗諦)에 입각한 삶을 살 수밖에 없는 중생으로서는, 궁극적으로는 부질없는 짓이 될지라도, 친소를 나누어서 보며 살아가는 것이 불가피한 노릇일 수 있다. 다르게 표현하자면, 인연의 세목을 가려서 분별하며 살아가는 것이 불가피한 노릇일 수 있다. 어머니와 아들로 만난 인연도 그 중 하나일 것이다. 어머니와 아들로 만난 인연을 '인연의 세목을 가려서 논하는' 자리에서 따져 본다면 그 무게가 얼마만할 것인가. 그야말로 지중(至重)한 것이 아니겠는가. 그것을 지중한 것으로 보고 받아들이는 것, 거기에 집착하는 것, 그것은 어리석은 짓임에는 틀림없지만 그래도 일시적으로는–최소한, '그 이름이 생생한 것으로 느껴지는' 동안은–묵인될 수도 있는 것이 아니겠는가. 그렇게 생각하는 편이, 어차피 미련한 중생으로 몸을 받고 태어난 자들의 운명에 어울리는 것일지 모른다. 위에서 내가 말한 '또 한 가지 의미 있는 진실'이란 바로 이런 것이다. 「바다의 편지」의 마지막 대목은 이런 의미 있는 진실을 우리에게 상기시키고 있는 것이다. 소설의 언어를 가지고서. 소설의 언어에 내재된 '힘'을 가지고서. 「바다의 편지」와 관련된 이야기는 여기까지 하고 일단 접기로 한다.

**이 동 하**

31회, 시립대 국문과 교수

dohych34@hanmail.net

# 폐색의 시대, 길을 찾다
## – 식민지 시대 유진오의 문학

윤 대 석

유진오가 이 세상에 태어난 것은 일본이 대한제국의 외교권을 앗아간 을사늑약 1년 후인 1906년이었다. 그가 다섯 살 때인 1910년 한국은 일본의 식민지가 되었고, 1945년 8월 15일, 유진오는 마흔 살이었다. 그가 철들 무렵에 이미 나라는 망해있었고, 일본 총독부의 통치 속에서 그는 유년 · 소년 · 청년기를 모두 보내지 않을 수 없었다. 그는 초등학교(당시는 보통학교)에서부터 조국은 일본이고 국어는 일본어라고 배웠으며, 한반도와 일본열도가 같은 색깔로 칠해진 지도를 보았다.

식민주의란 인종과 민족, 그리고 문화의 차이를 우열의 관계로 규정짓고 그러한 우열 관계에 근거한 통치를 정당화하는 이데올로기를 가리킨다. 이러한 이데올로기는 인종적으로, 민족적으로, 문화적으로 열등하다고, 혹은 야만적이라고 규정된 인종과 민족을, '문명'이라고 자칭한 인종과 민족이 지배하고 통치하는 것이 정당하다는 식민지 통치의 논리였다. 이러한 논리는 서양과 백인이 유럽 이외 지역을 점령하고 통치하는 데 중요한 논거가 되었고, 19세기 후반은 이러한 제국주의 세력이 전 세계를 식민지와 식민지 통치국으로 양분한 시대였다. 아시아에서는 유일하게 제국주의가 된 일본은 1910년 대한제국을 식민지로 편입시켰다.

▲ 유진오 박사

식민지인이 된 조선인들은 식민지에서 벗어나기 위해 민족주의 운동을 펼쳐나갔다. 민족의 독립을 강하게 추구하는 이 운동은 조선 민족의 열등함을 부정하고 산업이나 교육을 일으킴으로써 스스로 국가를 만들 수 있는 능력을 가지고 있음을 증명하려 했다. 그러나 일부의 조선인들은 식민지 지배가 단순히 민족적 차별뿐만 아니라 계급이나 성적 차별과 같은 불평등과 연관되어 있기 때문에 민족주의 운동만으로는 부족하고 사회적 평등을 요청하는 운동과 병행되어야 한다고 생각했다. 이를 사회주의 운동이라고 할 수 있는데, 예술 부문에서 그것을 담당한 것은 조선 프롤레타리아 예술가 동맹, 즉 카프(KAPF)였다.11)

카프가 존속한 시기는 1925년부터 1935년까지였다. 러시아 혁명(1917)으로 비롯된 세계적인 사회주의 사상·문학의 보급이 카프 성립의 외부적인 요인이었다면, 민족주의 운동 및 문학의 한계에 대한 인식이 그것의 내적인 요인이었다. 일제는 카프가 성립될 때부터 사회주의 운동에 대한 탄압을 멈추지 않았다. 국체(國體)를 위협하는 사상을 단속할 수 있는 근거를 제공한 것은 1925년 12월 공포된 치안유지법이었다. 국체란 국가의 체제, 즉 일본의 경우엔 천황제를 의미했고, 그것을 위태롭게 하는 것은, 물론 조선의 독립을 주장하는 독립 사상도 포함되었으나, 주로 신흥 사상으로 등장한 사회주의 사상이었다. 1931년의 1차 검거, 1934년 전주사건, 혹은 신건설사사건으로 불린 제2차 검거의 법적 근거는 바로 그 치안유지법이었다. 1930년대 중반이 되면 일제의 대량 검거와 전향 공작에 의해 사회주의 운동 단체들이 거의 활동을 중지하게 된다. 카프가 해산계를 경기도 경찰국에 제출한 것은 1935년이었다.

유진오가 창작활동을 시작한 것은 카프가 맹활약하던 1927년이었다. 그때 그는 경성제국대학 법학과 2학년에 재학 중이었다. 경성제국대학 학생들이 만든 잡지인 『청량』, 『문우』에서의 습작에서 벗

---

11) 이 글은 필자가 편집한 『김강사와 T교수 - 김남천 · 단편선』(현대문학, 2011)의 해설을 수정 · 가필한 것이다.

어나 그가 본격적으로 소설을 발표하기 시작하는 것은 카프의 기관지나 다름없는 『조선지광』이었다. 제동 보통학교에서 경성 제1고등보통학교를 거쳐 경성제국대학을 입학하고 졸업할 때까지 한 번도 수석을 놓쳐본 적이 없다는 조선의 제일가는 수재이면서, 사회 유지인 아버지를 둔 그조차 사회주의 운동에 경도될 만큼 그 시대는 사회주의의 시대였던 것이다.

그러나 유진오의 사회주의에 대한 경사는 실천적·생활적인 데 있지 않고 인식적, 이론적인 것에 있었다. 그가 카프에 가입하지 않은 것은 그 때문이다. 카프에 가입하지 않고, 그러니까 실천을 통해 사회주의를 추구하지 않고, 사회주의에 동조하고 그것과 비슷한 경향의 작품을 발표한 작가들을 동반자 작가라고 부르는데, 유진오가 그 대표적인 인물이었다. 그가 사회주의에 기울었을 때 발표한 「오월의 구직자」가 현실성이 떨어지고 관념적인 것은 그 때문이었다. 「상해의 기억」에서도 동반자 작가로서의 유진오의 모습을 볼 수 있다. 이 소설은 화자가 상해에서 겪은 사회주의 운동에 대한 탄압을 소재로 삼고 있다. 그러나 화자는 결코 그 속에 뛰어들지 않고 그 곁에서 관찰하기만 한다. 그러나 그 시선은 객관적이지 않고 사회주의 운동가에 대한 공감을 드러낸다. 이 소설의 배경이 상해이고, 사회주의 운동을 탄압하는 세력이 중국 국민당 정부이지만, 그것을 곧 일본과 그 식민지인 조선으로 고쳐 읽어도 무방하다.

이처럼 1930년대 전반기의 유진오 소설에서 일제의 탄압이 주된 소재로 등장하는 것은 이 시기가 가장 가혹한 식민지적 억압의 시대였기 때문이다. 1929년의 경제 공황 때문에 곤란을 겪게 된 일본은 전쟁과 식민지 획득을 통해 어려운 상황을 타개하고자 했고, 그로 인해 일본 국내는 물론 식민지에서도 강한 사상 통제를 실시하였다.

1931년의 만주사변, 1937년의 중일전쟁은 일본이 경제적 궁지에서 벗어나기 위해 벌인 중요한 사건이었고, 전쟁을 효율적으로 치르기 위해서 내부적인 단합과 이질적인 것의 배제를 실시하지 않을 수 없었던 것이다. 가장 큰 분열을 가져오는 내부의 적은 역시 사회주의 세력이었다. 일본 국내뿐만 아니라 식민지인 조선에서도 사회주의는 가장 먼저 탄압의 대상이 되었다. 카프가 두 차례에 걸친 대량 검거를 거친 이후 해산할 수밖에 없었던 것도 바로 그 때문이었다.

카프의 해산은 당시의 지식인들, 특히 사회주의에 기울어있던 조선 지식인에게는 커다란 충격이었다. 그것은 자신의 사상과 이념, 신념을 밖으로 드러낼 수 없음을 의미한다. 그 드러냄, 즉 표현은 문학적 실천과 사회적 실천이 있을 터인데, 전자는 사회주의 문학을 창작하는 것이라면 후자는 사회주의 운동을 전개하는 것이다. 이 둘의 불가능성이 명백하게 된 사건이 바로 카프의 해산이었던 것이다.

만약 세계를 해석하고 세계를 바꾸어나가고자 하는 어떤 사상과 신념을 내가 가지고 있다고 하자. 그런데 그것을 말로, 행동으로 표현할 수 없다고 하자. 그것을 표현하는 순간 내가 불이익을 받거나 심하면 감옥에 갈 수 있다면 나는 어떻게 해야 할 것인가. 이 문제를 다룬 것이 유진오의 「김 강사와 T교수」 이다. 소설의 주인공인 김 강사는 예전에 도쿄 제국대학을 다니면서 문화비판회라는 사회주의 문학 단체에서 맹활약을 한 사람이지만, 지금은 생계를 꾸리기 위해 자신의 전력을 숨기고 S전문이라는 학교에서 강사 생활을 하고 있다. 강사 자리를 유지하기 위해서는 신념을 숨기는 것만으로는 부족하다. 신념을 배반해야 한다. 교장에게, 그리고 자신을 추천해준 총독부 관리에게 뇌물을 주지 않을 수 없는 것이다. 생활을 유지하기 위해서는 신념을 배반해야 하고 신념을 유지하기 위해서는 생활을 배반해야 한다. 사회주의 계열뿐만 아니라 당대 모든 조선 지식인들이 처하고 있는 사상과 현실의 이러한 괴리를 유진오는 명확한 언어로 포착한 것이다. 이 소설이 당대의 상황을 실감나게 그릴 수 있었던 것은 유진오의 명민함 때문이기도 하지만, 그것이 작가의 체험에서 우러나온 것이기도 하기 때문이다. 도쿄 제국대학을 경성제국대학으로, 문화비판회를 조선경제사정연구회로, S전문을 경성제국대학 예과로 바꾸어 읽는다면 유진오가 느꼈을 좌절감을 조금은 엿볼 수 있을 것이다.

사상과 현실이 괴리될 때 어떻게 해야 하는가. 이것은 1930년대 후반 지식인들이 가진 화두와 같은 것이었다. 1930년대 후반은 사회주의 사상이라는 현실을 비판적으로 인식할 수 있는 세계관이 더 이상 불가능한 시대였다. 그를 대신하여 일본이 전개하는 전쟁과 침략 행위를 정당화하는 현실적 논리인 동양주의 및 동아협동체론 등이 맹위를 떨치던 시대였다. 낡은 사상을 긍정할 것인가, 새로운 현실을 긍정할 것인가의 기로에 작가들은 서 있었다. 당대의 작가들은 실천력을 잃어버린 사회주의 사상을 견지할 수도 없고, 그렇다고 해서 새로운 현실에 몸을 던질 수는 없는, 이러지도 저러지도 못하는 상황에 놓이게 된 것이다. 이를 '주조 상실'의 시대라 부를 수 있을 것이다.

'주조 상실'의 시대에 문학이 선택할 수 있는 길 가운데 하나가 세태 소설이었고, 그것은 뚜렷한 비판의식 없이 일상생활을 그린 것이었다. 이 때 생활은 주체성 없는 휩쓸림의 의미를 넘어 주체성 자체를 재구성할 수 있는 기반이 된다. '생활'이 사상 갱신의 기반이 됨은 평론가 임화의 다음과 말에서 명백하다.

> 세태묘사의 문학이 외부의 생활을 섭렵하고 내성의 문학이 내부의 생활을 천착하려 한 대신 오늘날의 일부 경향이 통틀어 여태까지 우리가 중시해 오지 아니 했든 생활이란 것을 진실하게 평가하기 시작하였다면 문제의 성질은 약간 달라지지 아니할 수 없다. 바꿔 말하면 현실 대신에 맞이한 부득이한 세계로서의 생활이 아니라 역시 소중히 할 것으로서의 생활, 혹은 그것을 긍정하고 그 속에서 무슨 새 의의를 찾아보려는 세계로서 생활이 문학 위에 등장하게 되면 그때는 여태까지 우리가 현실이란 것과 대비하여 생각해오든 생활과 새로운 의미의 생활이 약간 의미가 달라진다.
>
> 그것은 이미 새로운 오늘날이란 시대의 현실로서의 중대한 의미를 함축하게 된다. 즉 새로이 발견된 현실로서의 생활, 그것이 곧 현실을 버린 뒤에 생활의 발견이 초래한 중대한 결과가 되는 것이다.(임화, 「생활의 발견」)

이러한 인식론은 임화가 새삼스레 인식한 것이 아니라 30년대 후반기의 패러다임을 구성하고 있는 것이다. 이것을 가장 빨리 알아차린 것이 유진오의 '시정'이고 그 다음이 김남천의 '풍속'이라면 임화의 '생활'은 가장 뒤늦은 시대성에 대한 추인이자 명확한 개념적 인식이라 할 수 있다. 현실을 이념에 따라 재단하는 것이 아니라, 새로운 현실을 주시하면서 그것을 비판할 수 있는 근거를 마련하고자 하는 것에서 얻어질 수 있다고 유진오는 생각했다. 유진오의 '시정편력의 문학'론은 그

▲ 1928년 경성제대 유학시절의 유진오

것을 잘 보여준다.

1930년대 후반기 유진오의 소설에서는 「상해의 기억」과 같은 소설을 둘러싸고 있는 강한 신념과 이념이 존재하지 않고 또 그것을 통해서 현실을 보지 않는다. 이들 소설에서 화자를 아버지가 없는 어린이나 남편이 무능력한 여성으로 설정하는 것은 그 때문이다. 이념이나 신념은 성인 남성의 전유물이다. 그것은 이른바 아버지로 상징되는 것이다. 사회주의라는 아버지가 죽고 동양주의라는 아버지가 등장했다. 죽은 아버지에 집착할 것인가, 새로운 아버지를 맞이할 것인가, 아니면 내가 생활을 꾸려나가면서 아버지가 될 것인가. 유진오는 마지막 길을 선택했던 것이다.

유진오는 현실과 생활을 어린이나 여성처럼 이념에 의거하지 않은 시각에서 바라봄으로써 새로운 이념을 세우려고 했다. 「창랑정기」는 어린이의 눈을 통해, 또 「나비」는 여성의 눈을 통해서 세상을 바라본다. 기존의 이념에 의거하지 않고 인간의 존엄성은 어떻게 회복될 수 있는가를 탐색하는 것이 이들 소설의 과제인 것이다. 그러나 새로운 길은 쉽사리 발견되지 않는다. 이들 소설은 여전히 탐색으로만 그칠 뿐 대안을 내세우지 않는 것이다. 다만 최소한의 목표치, 즉 인간의 존엄성을 내세울 뿐이다.

유진오의 소설에서는 탐색 행위가 산책(시정편력)이라는 행위를

▲ 경기도 하남시에 있는 유진오 박사 묘소((위)와 추모비(아래)

통해 등장하기도 한다. '기호의 산책'이라는 부제가 붙은 「가을」은 이 점을 잘 보여준다. 화자는 이념에 따라서 행동하던 과거의 자신의 회상하면서 달라진 현실을 바라본다. 친구들은 모두 변했다. 그리고 세상도 변했다. 나는 어떻게 해야 할 것인가. 세상을 아무런 기준이나 이념 없이 산책하듯이 바라본다. 그것을 통해 무슨 신념과 사상을 얻어야 하지만 성급하지는 않다. 판단을 유보하는 것이다. 이러한 판단 유보는 유진오의 장편소설인 『화상보』에서는 제로(0)의 사상으로 등장한다. 또한 주인공을 과학자 혹은 기술자로 그린 것으로 그러한 판단 유보는 드러난다. 물론 과학자가 가진 생각이나 행위가 과연 가치중립적인 것인가에 대한 논란은 있지만.

그렇다고 해서 이들의 길 찾기가 무목적의 길 찾기는 아니다. 그러니까 모든 것을 수용하는 현실 긍정과 이들의 길 찾기가 다른 것은 인간의 존엄성이라는 최소한의 기준 때문이다. 이러한 기준은 그들이 자신이 가졌던 과거의 이념을 성찰하면서 얻은 것이다. 사회주의 사상의 핵심을 그들은 인간의 존엄성이라고 생각했던 것이다. 「가을」에서 이것은 마지막 장면에서 등장한다. 수남 아범에게 많은 돈을 인력거 값으로 지불한 기호는 처음으로 포근한 기쁨을 느끼는 것이다. 최소한의 선행과 타인에 대한 배려가 그것이다.

이 대목은 중국의 문호 루쉰의 「작은 사건」이라는 소설을 연상시킨다. 이 소설은 신해혁명 후 혁명정부에 참여했던 루쉰이 실제로 겪은 일을 쓴 것이다. 어느 날 루쉰은 인력거를 타고 바쁘게 길을 재촉하고 있었는데, 그 인력거에 어떤 노파가 스쳐 쓰러진다. 루쉰은 그 노파가 엄살을 부리는 것이라고 하며 인력거꾼에게 그냥 지나치자고 한다. 그러나 인력거꾼은 그 사고 때문에 다시는 인력거를 잡을 수 없다는 사실을 알면서도 노파를 부축해 파출소로 걸어간다. 그 뒷모습을 보며 루쉰은 이렇게 말한다. "그것은 내게 점차로 일종의 위압에 가까운 것으로 변하여, 심지어는 내 가죽털옷 속에 숨겨진 소아를 밀어내려는 것 같았다. (……) 이 작은 사건만은 항시 내 눈앞에 아른거리며, 어떤 때는 도리어 더욱 분명해져 나를 부끄럽게 하고, 나를 새롭게 분발시키고, 또한 나에게 용기와 희망을 북돋아 주는 것이

▲ 『지성의 길-현민 유진오 선생』 심재우 외 지음 / 336쪽 · 3만원 · 한국인문사회연구원

다.” 루쉰은 인력거꾼의 이 작은 행위가 혁명보다 성인의 경전보다 더욱 소중하다고 말하고 있는 것이다.

인력거꾼은 인간이 손쉽게 의지하는 것에 판단을 맡기지 않는다. 그것은 돈이나 명예에 의해 그가 판단을 내리지 않았다는 것을 의미한다. 그렇다고 해서 인력거꾼이 양심이나 대의명분에 기대어 판단을 내리는 것은 아니다. 그는 인간이 의지하기 쉬운, 공동체를 지탱하는 거대 담론(이념)에 기대어 판단을 내리지 않는 것이다. 이 이야기는 인간의 존엄성 회복을 가장 잘 보여주는 사례라 하지 않을 수 없다. 「가을」의 기호가 수남 아범에게 베푼 선행이 이와 통한다고 보는 것은 무리가 아닐 것이다.

그러나 시대는 그러한 탐색마저 허락하지 않게 되었다. 1940년대에 들어서면 일본은 조선인마저 전쟁에 동원하기 위해 내선일체 정책을 실시하여 적극적인 협력을 강요한다. 이제 유진오 소설 「산울림」의 동만처럼 자신의 열정에 화답하는 존재는 메아리밖에 없는 시대가 된 것이다. 뜻을 나누고 연대할, 그러니까 같이 길을 찾아 떠날 동료가 없는 고립감, 외로움을 겪지 않을 수 없었다. 루쉰의 말처럼 희망은 혼자 만들어나가는 것이 아니다. 많은 사람들이 걸어가면 희망이 생기는 것이다. 소설 「신경」 은 경성제국대학 교정에서 지냈던 아름답던 추억을 떠올리지만 그것은 친구의 죽음을 더욱 안타깝게 만들고 고립감을 심화시킬 뿐이다. 「여름」 은 폐색의 시대에 길 찾기가 더 이상 불가능함을 보여주는 소설이라 하지 않을 수 없다. 그것이 일본어로 창작되었다는 사실이 그 점을 잘 보여준다.

1930년대 후반 조선의 지식인들은 자신이 나아가야 할 길을 잃어버렸다. 길은 끊나고 앞은 수풀만이 무성했다. 저편에서는 많은 사람들이 새로 난 신작로를 따라 달려가고 있었고, 그 끝에는 어렴풋이 낭떠러지가 보였다. 유진오는 그 신작로를 옆 눈으로 바라보며 풀숲을 헤치고 자신의 길을 만들고자 했다. 풀숲을 같이 헤쳐 나가던 사람들이 하나하나 줄어갔다. 외로웠다. 그리고 살고 싶었다. 어느 듯 유진오는 신작로 쪽으로 한 걸음 한 걸음 다가가는 자신을 발견하지 않을 수 없었다. 대동아 문학자 대회에서의 연설 「우리는 승리한다」 는 그러한 고립감의 산물이었다.

**윤 대 석**

48회. 서울대학교 사범대학 국어교육과 교수
yds70@snu.ac.kr

논단

# Chapter 02

# 유기천과 사법대학원 그리고 그의 인과관계론의 목적설 외 1편

손 해 목

형법학자 유기천 교수라고 하면 우선 학문적으로는 다음 네 가지를 들 수 있다. 그 중의 하나는 그의 목적설이다. 형법이론은 수많은 주변학문의 도움으로 발전되고 있지만 특히 심리학이 형법이론에 미친 예는 극히 드물다. 심리학이 형법이론에 미친 영향은 다음 두 분을 들 수 있다. 그 중의 하나가 1950년대의 독일 한스 벨젤 교수에 의해서 주장된 목적적 행위론이다. 목적적 행위론은 당대 사고심리학의 영향으로 형성된 이론이라고 설명하고 있다. 그 후 1960년대 유기천교수가 주장하는 인과관계론의 목적설이다. 목적설은 당시 미국의 입체심리학의 영향으로 이루어진 학설이라고 설명하신다. 두 번째는 형법각론의 입법론이다. 독일 형법각론의 저서나 일본의 형법각론을 보아도 입법론이 그렇게 자세히 설명되어 있는 참고서는 거의 볼 수 없다. 후학이 표절하여서라도 살리고 싶다. 세 번째는 저술연구방법론이다. 우리나라 학자들의 형법저술 연한을 출판사에 문의하였더니 평균 5년 정도라고 한다. 개인에 따라 차이는 있겠지만 선생님의 저술 연한은 약 20년 정도이다. 1946년에 경성법전에서 형법강의를 시작으로 강의노트를 작성한 것이 1960년대 와서 그 노트가 출판사

에서 책으로 출판되었으니 말이다. 나는 형법총론을 저술하는데 약 10년 정도 독일의 자료를 2차에 걸쳐 수집하여 정리하였지만 선생님의 학구열에 따라가기는 너무나 거리가 멀다. 네 번째는 사법대학원의 설치이다. 그는 법학을 학문적으로만 연구하는 것이 아니라 이 나라의 사법교육을 합리적으로 운영하는데 혁신적인 노력을 하였다. 다시 말하면 대륙법과 영미법의 절충적인 합리점을 찾는데 적극적이었다. 자세한 설명은 후술하기로 한다.

1960년대 초 어느 날 유기천 학장실로부터 연락이 왔다. 학장실로 갔더니 공문을 주시면서 서울지방법원장에게 가라는 것이다. 그는 언제나 이런 식이였다. 나는 공문을 검토해보니 사법대학원생의 실무교육을 위한 회의를 하니 사법대학원장께서 참석하라는 것이다. 서울지방법원장실로 갔더니 회의실로 안내하였다. 입실하니 모두 긴장하는 분위기이었다. 법원장께서 인사 소개를 하신다. 모두 묵묵부답으로 인사를 나누고 비어있는 자리에 자리를 잡았다. 책상위에는 공문이 있었다. 미리 준비된 회의내용이라 회의는 빨리 끝났다. 당시 기억나는 것으로는 가장 연로하신 분이 유태흥 부장판사이시다.

그는 자기 사무실로 안내하면서 점심시간에 매식을 하지 않는다고 하시면서 유일한 도시락법관으로 자부하신다. 당시 부장판사는 독방을 주는 모양이다. 그는 자기 사무실에서 구석 벽에 기대어 물구나무서기를 하시면서 건강을 자랑하시였다. 후일 대법원장을 역임하신 것으로 기억한다. 그 후 나는 사법대학원생들의 실무교육을 담당하는 책임자가 되어버렸다. 사법대학원생(주로 1기생)들과 소풍 등 행사가 있을 때마다 유기천 사법대학원장과 서돈각 교무과장을 모시고 참석하였다. 학생들과 유기천 원장과 서돈각 교무과장을 모시고 기념촬영을 하기도 하였다.

유기천은 일본사람도 입학이 어려운 동경대학 법학부를 이수하였다. 졸업 후에는 학문의 열정으로 동북제대 법학부의 모교수(민법전공)의 개인조수가 되었다. 광복 후 귀국하시어 경성법전 교수를 시작으로 서울법대 교수가 되었다. 6.25전란 중에 부교수로서 법대학장서리를 맡아 법과대학을 재건 발전하는데 정력을 집중하시었다. 특히 그의 강의는 언재나 정렬적이다. 당시 법학 참고서가 귀하였는데 그의 형법강의서 프린트는 인기가 대단하였다. 여기서 당시 우리나라 법학참고서 현황을 보기로 한다. 대부분 일본 참고서를 그것도 고서점에서 헌책을 구입하여 공부를 하였다. 이 무렵 안이준 교수 당시 청주대학 교수로 있다가 경희대학 교수로 이적하신 선배의 일본 와가주마 민법참고서의 번역서가 날개 돋친 듯이 구독되었다. 그 외도 일본 마끼노의 일본형법도 이종항 교수(정치학)에 의해서 번역되어 형법학의 유일한 참고서가 되었다. 교수가 부족한 시내 사립대학에서는 법조계에 계시는 분들이 출강을 하였다. 그들의 손에 의해서 참고서가 출간되기도 하였다. 특히 그중에도 유명한 것은 서일교(한때 법제처장)의 형법각론이었다. 그 외도 서울고등법원 유병진 판사의 형법총론 등이 있었다. 서울법대에서도 한때 박일경 법제처장이 헌법강의를 출강하시었다. 대학교수로서는 대구대학의 백남억 교수의 형법총론이 처음으로 제대로 된 형법참고서로 출간되었다.

미국유학길에 오른 유기천은 미국 예일 대학에서 "한국문화 형사책임"이라는 논문으로 법학박사학위를 받았다. 귀국한 그는 우리나라의 법조인양성도 미국처럼 로스쿨제도의 꿈을 이루고저 하였다. 그리하여 서울대학에 사법대학원을 설치하였으며 이 꿈을 이루기 위해 법대학장 보직선거에도 적극적으로 임하였던 것이다. 사법대학원 설치는 당시 최고회의 법사위원장을 하던 이석재 대령의 도움을 많이 받았다. 나는 1960년 초 경. 어느 날 청파동으로 오라는 전달을 받았다. 나를 대하는 그는 언재나 냉엄하였다. 광화문 한옥시절이나 청파동 동숭동 어느 곳을 가도 그는 나에게는 엄하였다. 법대에 와서 공부하라는 것이다. 당시 법대 도서관 건물에는 큰 연구실이 두 개 있었는데 하나는 김증한 교수 연구실이고 다른 하나는 유기천 교수 연구실이었다. 그는 언제나 연구실이용을 하지 않는다. 문리대 동부연구실 시절도 그리하였고 법대연구실도 나에게 관리토록 하였다. 책은 전부 자택 서재에 있었다. 서무과 직원이 집으로 발령장을 갖다 주었다. 이때부터 법과대학생활이 시작되었다. 그 후 수년간 법과대학 생활을 하다가 국민대학으로 옮기게 되었다. 당시 국민대학에는 정인흥교수께서 교학처장으로 계시었다. 그는 법대 학장시절 당시 이승만대통령의 양아들 이강석의 법과대학 입학사건으로 서울대학에 사표를 내고 국민대학으로 오시었다. 그 외도 강병두 학장 유기천 학장이외 여러 선배들의 도움으로 국민대학 조교수로 자리를 옮겼다. 서울대학에 있던 경력이 전임강사경력으로 인정되었기 때문이다.

유기천은 후일 서울대학교 총장이 되었다. 문리대 학생들의 거센

▲ 유기천 교수와 부인 헬렌 실빙 교수

대모로 임기를 채우지 못하였다. 한때 한직으로 있을 때 연락이 왔다. 동숭동으로 갔더니 유명한 양서 두 권을 주시면서 논문을 한편 준비하라는 것이다. 그리고 법대 도서관 건물에서 대기하면서 주로 신문열람실을 이용하라는 것이다. 또 무슨 생각을 하고 계시는지? 그러나 당시 법대도서관은 사복경찰로 포위되어 외부사람들의 출입이 어려웠다. 그 후 유기천은 법대에 복직되어 다시 학문의 길로 가는가 했더니 그의 운명의 신은 또 학생징계문제로 교수회의를 할 때 부적절한 발언 때문에 쫓기는 몸이 되어 약 3개월간 은둔생활을 하시게 되었다. 김찬진 변호사의 노력으로 미국에 있는 그의 부인에게 서신으로 알리게 되었다. 당시 예일대학에서 연구 중이던 그의 부인 헬렌 실빙 박사는 하버드대학의 라이사워 교수에게 부탁하였다. 동 교수는 김종필 총리에게 구명운동을 한 결과 김 총리의 노력으로 망명길에 오르게 되었다. 이에 그는 본의 아니게 조국을 떠나 그렇게 사랑하던 법과대학의 교단을 떠나게 되었다. 한때 고희논문집 출판행사를 할 때 귀국하시었다. 이것이 그의 조국을 찾는 마지막 길이 될 줄이야!

유기천 선생은 나의 사생활에도 관심이 있었다. 하루는 반도(롯데) 호텔 양식부로 가라는 하명이시다. 갔더니 약속된 장소에는 몇 사람의 중년부인들이 있었다. 후일 알고 보니 선생님의 조카들이였다. 나는 주는 양식만 먹고 나왔다. 모여성과 교제는 시작되었지만 결혼에는 실패하였다. 서울법대에는 전국에서 수재들이 모이는 곳이다. 고시에 합격하여 입신출세하는 젊은이들이 많았다. 이에 딸을 가진 사람들은 관심이 많다. 선생님도 가끔 부탁을 받는 모양인데 선생님이 제일 싫어하시는 대목이다. 어떤 때는 나를 대타로 이용하실 때가 있었다.

나도 혼담이 있었다. 처가 쪽에서 동경제국대학을 나오신 분이 있어서 유기천 총장에게 나의 신원조회를 하였다. 유기천 총장은 나를 과찬을 하시면서 결혼식 주례까지 자청하신모양이다. 신부 쪽에서는 이상하게 생각하였다. 유기천 교수는 성질이 까다로워 여간해서는 칭찬을 하지 않는 분인데 그 분의 말이라면 틀림없겠지? 서돈각 교수에세 양해를 구하여 서 교수님은 주례대신 약혼식 때 축사를 해주실 것을 부탁드리고 주례는 유기천 교수를 정하였다. 결혼식 날 주례의 교통편은 이재걸 검사가 담당하기로 하였는데 오실 때는 잘 모시였는데 가실 때 깜박 잊어버린 모양인지 후일 저에게 불편하셨다는 말씀을 하셨다. 결혼 후 처갓집 가족 중에 문리대 학생이 있었다. 왜 쌍권총 총장을 주례로 세우느냐 하는 것이다. 나도 동아일보를 보고 알았는데 당시 취재기자는 우승용이다. 우기자는 법대출신이다. 김기두 교수의 장남(의대출신)과 용산고등학교 동기동창이다. 법대에 있을 때 가끔 연구실로 김기두 교수의 자제와 함께 찾아올 때가 있었다.

목적적 행위론에 관한 설명을 불가피하게 다시 하기로 한다. 물론 여기서는 학술적인 내용은 피하기로 한다. 우리나라 법학이나 일본법학은 역시 독일법학이 그 원조이다. 1945년 세계2차 대전이 끝나고 1950년대 경부터는 제법 생활의 안정을 되찾기 시작하였다. 이 무렵 학문의 세계에도 연구업적이 나타나기 시작하였다. 그 중에 하나가 독일의 본 대학 교수로 있는 한스 벨젤의 목적적 행위론이다. 이 논문은 그의 형법참고서의 일부분이다. 일반적으로 학자들은 논문 따로 있고 저서 따로 있는데 벨젤 교수는 그의 논문이 바로 형법총론의 일부분이다. 논문이나 글은 저자의 성품을 잘 나타낸다. 벨젤은 깔끔한 성격의 소유자인 것 같다. 양보다는 질을 중요시하는 성품이다. 그의 형법이론은 논문 제목 그대로 형법총론의 형식적인 체계에 관한 대혁신을 일으킨다. 이 이론은 독일 형법이론의 영향을 받고 있는 유럽 즉 불란서를 제외한 이태리 스페인 등지는 말할 것도 없고 동유럽 일본 한국에 이르기 까지 선풍적인 영향을 미쳤다. 내용은 이러하다.

범죄성립요소는 구성요건 해당성 위법성 책임성 이다. 즉 사람의 행위가 구성요건에 해당하고 위법성이 있고 책임성이 있어야 범죄는 성립한다. 그중에 구성요건해당성과 위법성은 객관적요소이고 책임성은 주관적요소이다. 고의 과실은 책임성에 속한다. 즉 책임조건이다. 다시 말하면 주관적인 요소이다. 그런대 주관적요소인 고의 과실을 구성요건 쪽으로 옮겨간다는 것이다. 즉 구성요건요소에는 객관적요소도 있고 주관적요소도 있다. 구성요건의 주관적 요소가 고의 과실이라는 것이다. 이것은 목적적 행위론의 구조 때문이다. 이래서 한때는 고의의 체계적 지위라는 논문이 난립하였다. 우리나라에서도 목적적 행위론에 관한 논문은 1950년대 말부터 여러 교수에 의해서 발표되었다. 노융희 교수(정치대학 10주년기념논문집), 김종원 교수, 황산덕 교수 이건호 교수 등에 의해서 저서 논문 등이 발표되었다. 유기천교수의 형법이론도 당연히 그 영향을 받고 있었다. 행위론은 그 후 70년대 80년대를 이어 마이호퍼의 사회적 행위론, 록신의 인격적 행위론이 소개되면서 행위론의 논쟁은 마무리되는 것 같았다.

다음에 유기천교수의 인과관계론을 보기로 한다. 우선 그의 목적설은 어느 참고서에도 찾아볼 수가 없는 학설이다. 국내에는 많은 형법참고서가 출간되었고 그곳에는 국내외 학자들의 학설이 총 망라되지만 유기천교수의 목적설을 소개하는 책은 없다. 이론이 너무 이해하기 어려워서 그러한지 유감스러운 일이다.

형법상 인과관계론은 결과범에 있어 원인과 결과간의 인과성을 어떻게 인정하느냐 하는 문제를 다루는 것이다. 원인과 결과간의 인과관계를 해결하기 위해서 여러 학설이 등장하였다. 즉 조건설, 원인설, 상당인과관계설 중요설 등이 등장하였지만 인과관계의 귀속성을 속시원하게 해결해주는 학설은 마땅하지가 않았다.  그래서 등장한 것이 독일학자에 의해서 민법의 귀속이론을 원용하는 객관적 귀속이론이다.

이래서 이제 인과관계론은 마무리 되는 듯하였다, 유기천 교수의 목적설은 객관적 귀속이론이 등장하기 전의 이론이다. 인과관계의 문제는 원래 객관적인 문제이다. 이 이론만 가지고는 인과관계의 귀속성은 해결이 원만하게 안 되니까 주관적 귀속성을 고려하는 것 같다. 즉 미국의 입체심리학의 영향을 받아 목적성이라는 주관적 귀속성을 고려하는 것이다.

유기천의 학문은 이제 비록 지나간 이론이 되었지만 아직도 학문적인 평가를 빼놓을 수 없는 것이 있다. 하나는 1950년대의 독일 학자 벨쩰의 목적적 행위론의 배경학문인 독일의 사고심리학과 1960년대의 유기천의 목적설의 배경학문인 미국의 입체심리학이 형법이론에 미친 영향이 어떻게 다른지? 심리학이 형법이론에 미친 영향은 그리 흔하지 않기 때문이다.

일본보다 반세기나 앞서 갈려던 법학교육과 사법제도가 일부 일본 법문화에 사로잡힌 법조인의 손에 의해서 산산이 조각나고 말았다. 사법대학원을 서울대학을 시작으로 전국 유명 법과대학에 설치하면 될 것 아닌가! 왜 아직도 일본의 사법제도와 법학교육을 모방하려는 것인지. 사법연수원제도와 법학전문대학원이 그것이다. 법학전문대학원은 대학원 수준이다. 다양한 학문의 대학교육을 통해서 법학전문대학원에서 직업교육을 하는 것도 일리는 있지만 법과대학을 그대로 두고 충분한 법학의 기초교육을 이수한 다음에 대학원 수준의 실무교육을 하여야지 현재의 제도만으로는 오히려 종전의 제도보다 법조인 양성에 비효율적인 것 같다. 법학전문대학원이 있는 대학도 법과대학을 유지하여야 한다. 법학이란 학문이 3년만으로는 법조인 양성에 충분하지 못하다. 법조인이 된 다음에 공부를 한다는 말은 빈말이다. 그리고 판례법중심의 영미법과 실정법중심의 대륙법의 사법교육제도는 본질적으로 다른데 일본이나 우리나라가 미국의 법학교육을 모방한다는 것은 문재가 있다. 그래도 일본은 법학전문대학원이 있는 대학의 법과대학을 없애지 않고 있다. 우리나라도 법학전문대학원이 있는 대학에서도 법과대학을 복귀시켜야 한다.

이제 두 분 스승의 글을 마치는 제자로서 하고 싶은 말은 끝없이 많지만 사라져 가는 법과대학을 바라보면서 동문의 한 사람으로 옛

스승님의 발자취를 일부나마 더듬어보았다. 유기천 선생은 미국에 계시면서도 『세계혁명』이라는 저서를 출간하시였다. 그것도 영문으로 저술하시었다. 내용을 보면 다양한 자료를 인용하고 있다. 법학자가 법학이외의 다양한 자료를 참고로 저술하신 것은 보기 드문 일이다. 그는 미국 땅 '샌디에이고' 그의 저택 서재에서 83세를 일기로 영민하시었다. 그가 떠난 서재에는 건강을 지켜주던 아령만이 둥그렇게 남아있었다.

# 황산덕과 자유부인 그리고 목적적행위론

▲ 황산덕 교수

이 글은 한국형사법학회에서 발간하는 '형사법연구'의 수필리레이 『형사법산책』에 게재할 예정이었으나 법대문우회지에 발표하게 되었다. 따라서 형법이론의 학술적인 부문은 충분한 설명을 할 수 없음을 이해해 주기 바란다. 또한 고인들의 존칭은 약하기로 한다.

때는 6.25전란으로 낙동강을 중심으로 전선을 펼쳐 유엔군과 북한군이 대치하고 부산은 임시수도로 혼란을 거듭하고 있을 때이다. 맥아더장군의 인천상륙작전으로 비록 북한까지 진군하였으나 다시 중공군의 개입으로 한국군 유엔군과 중공군사이에 1.4후퇴 등으로 혈전이 계속되고 있을 때이다. 임시 수도 부산에서는 전혀 전쟁분위기는 아니었다. 여러 가지 외래상품의 거래가 홍수를 이루었고 사치와 허영의 문화가 충만하였다. 이 무렵에 부산 마산등지에는 사교댄스(사교춤)가 유행하였다. 특히 젊은 여성은 물론이고 중년가정주부에 이르기까지 춤바람은 걷잡을 수 없었다. 이때에 작가 정비석은 『자유부인』이라는 소설을 내놓았다. 이 작품은 일대 돌풍을 일으켰다. 내용은 이러하다.

주인공은 고지식한 대학교수의 부인이다. 대학교수의 중년부인도 춤바람이 났다. 이를 자유부인이라고 한다. 춤바람을 나게 한 사람은 교수의 제자이다. 제자는 능숙한 춤솜씨로 교수부인에게 다가가 춤세계로 유인하였다. 슬로우―퀵퀵, 황홀한 춤바람이 난 교수부인은 자신도 모르는 사이에 춤을 추는 것이 하루 생활에 유일한 낙이었다. 이 무렵 학생은 교수부인에게 다가가 성적을 부탁하였다. 학생의 성적은 30점이였다. 과락이다. 교수부인은 고민 끝에 성적을 고치기로 하였다. 그 당시는 볼펜도 없고 잉크펜이 유일한 필기구이다. 조심조심 3자를 8자로 고치는데 성공하였다. 하루아침에 성적이 30점에서 80점으로 둔갑하였다. 이 소설을 우연히 접한 황산덕은 화가 나서 당시 유일한 일간지 동아일보에 독후감을 발표하였다. 이에 글을 집한 작가 정비석은 글로서 서로 주거니 받거니 하였다. 이에 시중에서는 교수 황산덕과 작가 정비석의 유명세는 하늘을 찌르는 듯하였다. 이어 자유부인은 영화로 제작되어 역시 수많은 관람객을 모았다.

▲ 황산덕 교수와 논쟁이 된 정비석의 소설 『자유 부인』(영화 포스터)

황산덕은 입학이 어려웠던 경성제국대학 법문학부를 졸업하시었다. 이어서 당시 고등문관시험 사법 행정 양과에 합격하여 영천군수시보와 청송군수시보를 역임하시었다. 광복 후 학문의 길을 택하시어 고려대학과 서울법대에서 법철학강의를 하시었다. 1950년대 말 유기천이 미국유학으로 자리를 비우자 법대 형법강의는 김기두 교수 노융희 교수 등이 담당하시었다. 이 무렵 황산덕은 법대 형법강의를 담당하시게 되었다, 이것을 계기로 유기천과 황산덕은 학문이상으로 인생의 경쟁자가 되었다. 1960년대 초, 두 분은 서울법대 학장선거에서 역시 경쟁하게 되었다. 학장선거는 역대에서 볼 수 없을 만큼 치열하였다. 유기천이 학장으로 당선되었다. 이것을 계기로 황산덕은 법대를 떠나 한때 동국대학교에서 강의를 담당하시다가 성균관대학교로 이적하시었다. 후일 법무장관과 문교부장관을 역임하시었다.

황산덕과 유기천은 나에게 특별한 스승이었다. 1950년대 말 나는 서울대학교 대학원에 석사학위논문을 제출하였다. 제목은 지도교수 지도로 "위법성의 본질"이었다. 논문은 지도교수 유기천 교수, 주심 황산덕 교수, 부심 김기두 교수였다. 당시 서울대학교 대학원에 논문 제출자는 전체 약 150명쯤 되었다. 그런데 논문제출마감이 다 되었는데 나의 논문만이 제출이 안 되고 있었다. 유기천교수와 황산덕 교수는 서로 심사를 미루고 있었다. 이내 화가 난 대학원 교무주임선생은 교무처장실과 문리대 동부연구실를 방문하여 날인을 받아 접수를 하였다. 그 당시 문리대와 대학본부는 추운 겨울의 적설의 빙판으로 교무주임선생이 다니기에는 몹시 불편하였을 것이다. 다시 한 번 감사를 드린다.

대학원시절 불가피하게 황산덕 교수의 과목과 유기천교수의 과목을 수강하게 되었다. 황산덕 교수는 처음에 독일 매츠거의 형법총론

▲ 법학계 거물들-이한기, 박일경, 김증한, 황산덕, 김도창, 이영섭, 김주수, 이시윤, 이호정 백충현, 정동윤, 정희철 교수 총리, 장관 등(이세창 동문님의 블로그에서)

을 주참고로 형법총론을 위성문화사(법문사의 전신)에서 출간하시었다. 그 후 독일의 한스 벨첼 교수의 목적적 행위론에 관한 연구를 하고 있었다. 목적적 행위론은 당시 1950년대 독일 형법학의 영향을 받고 있는 학계에서는 선풍적인 학문적 영향을 미치고 있었다. 목적적 행위론에 관한 학문적인 설명은 뒤로 미루기로 하고 황교수님은 학생들에게 벨첼의 논문을 나눠주면서 번역을 해오라고 하시었다. 이것이 숙제였다. 이 자료를 다시 보완 수정하여 "형법체계의 신현상"이라는 논문의 번역판을 내놓으셨다. 이 책은 법학도들에게 독일의 새로운 형법이론을 소개하는데 유일한 참고서였다. 그 후 목적적 행위론에 입각한 형법총론과 형법각론을 출간하였다.

나는 사립대학에서 선생님의 강의 나오실 때와 사법시험위원을 하실 때 다방에서 모시는 기회가 있었다. 그럴 때마다 하시는 말씀이 기억나는 것이 있다. 법무장관시절 한사람도 사형수를 집행한 적이 없다는 것이다. 한번 기회가 있었는데 법무차관에게 출장을 핑계로 대결재하였다는 말씀을 하시었다. 또 한 가지는 청송에 있을 때의 막걸리 맛을 잊을 수 없다는 것이다. 청송의 물맛이 독특한 모양이라고 하시었다. 그는 불교신자답게 자비하신 인간성을 제자들에게도 베푸시었다. 영남대학의 박상원 교수를 무척 사랑하시었다. 박 교수는 영남대학 출신이다. 대학원을 서울대학을 지망하여 법철학을 전공하여 황산덕 교수의 지도를 받게 되었다. 나는 사법시험위원을 할 때 연세대학교의 정영석 교수와 영남대학교의 박상원 교수가 한때 고정멤버였다. 그래서 자주 만나는 기회가 있었다. 황산덕 교수께서 법무장관 재임 중에 박 교수가 무슨 일로 서신으로 부탁을 하였는데 웬만한 장관이면 비서에게 처리를 일임할 터인데 황장관은 편지내용을 직접 검토하시었다. 선생님 말씀이 박 교수의 깨알 같은 글씨를 한 자 빼지 않고 숙독을 하시어 원만하게 처리해 주었다고 자랑하시었다. 제자 그것도 약자를 사랑하시는 선생님의 자비심은 존경심만으로는 설명을 할 수 없다. 선생님은 모 백화점에서 가족과 함께 쇼핑 도중 건강을 잃어 73세를 일기로 타계하셨다.

죽염과 북한산 등산으로 건강을 자랑하시었지만 극락에서 못다 하신 제자들을 향하는 사랑과 자비심을 마음껏 베푸시기 바랍니다.

**손 해 목**

9회, 한국형사법학회장, 법무부 형사법개정심의위원
재단법인 유기천교수기념사업출판재단 이사
h5sonn@naver.com

# 미네르바의 부엉이와 주가의 예측

윤 기 향

경제학에서 가장 중요한 기본 가정 가운데 하나는 경제주체가 합리적이라는 설정이다. 합리성이라는 개념은 여러 각도에서 살펴볼 수 있는데 예를 들면 근대경제학의 기초를 닦은 스미스는 자기이익의 추구를 합리적인 행위로 보았다. 이러한 합리성은 현대경제학에서는 합리적 기대가설(rational expectations hypothesis)과 시장 효율성가설(efficient market hypothesis)이라는 이론으로 발전되었다.

합리적 기대가설은 사람들이 어떤 경제변수를 예측할 때 이용할 수 있는 모든 정보를 고려한다는 것을 전제로 한다. 따라서 합리적인 경제주체는 체계적인 오류(systematic error)를 범하지 않는 것으로 상정된다. 다만 합리적인 경제주체라고 하더라도 우연적인 요소에 의해서 유발되는 결과는 그들의 예측 범위 밖에 놓여 있기 때문에 우연적 오류(random error)는 피할 수 없는 현상으로 본다.

시장효율성가설은 합리적 기대가설을 자산시장에 접목했다고 볼 수 있다. 시장에 새로운 정보가 도착했을 때 그러한 정보가 신속히 그리고 정확히 주가에 반영될 경우 그러한 시장을 효율적이라고 한다. 시장효율성가설은 만약 시장이 효율적일 경우 과거의 주가의 추세를 이용해서 내일의 주가를 예측하는 것이 가능하지 않다는 것을 주된 내용으로 한다.

사실 이러한 시장효율성가설은 꽤 오랜 역사를 갖는다. 가장 오래된 자산 가격의 모형은 마팅게일(martingale processes)이다. 마팅게일 모형은 이탈리아 수학자인 카르다노(Girolamo Cardano)가 1565년에 발표한 그의 저서에서 '우연의 게임'(game of chance, 운에 맡기는 승부)이라는 이름으로 다음과 같이 소개되었다.

"도박의 모든 것에 있어서 가장 기본적인 원칙은 동일한 조건이다. 즉, 경쟁자, 구경꾼, 돈, 상황, 그리고 주사위 상자 등 모든 것이 동일한 조건을 갖는다는 점이다. 만약 그러한 동등한 조건으로부터의 일탈이 당신의 경쟁자에게 유리한 것이라면 당신은 바보요, 당신에게 유리한 것이라면 당신은 정직하지 않다."

그가 말한 우연의 게임은 바로 공정한 게임의 개념을 내포하고 있다. '공정한 게임'(fair game)이란 그 게임이 가져오는 결과가 나에게 유리한 것도 아니요 상대방에게 유리한 것도 아닌 게임을 가리킨다. 수학적인 용어를 사용하여 표현하면 그 게임의 모든 가능한 결과들의 기댓값 또는 평균치가 제로(0)가 되는 것이 공정한 게임이다. 이러한 공정한 게임은 현대 자산가격이론의 기본 틀인 마팅게일 모형의 요체가 되고 있다.

내일의 주가는 평균적으로 오늘의 주가와 다르지 않다는 것을 의미하는 마팅게일의 이론은 그 이후 '갈짓자걸음 가설'(random walk hypothesis)로 진전되었는데 이들은 자산시장에서 오랜 동안 유지되어온 시장효율성가설의 필요조건으로 인식되어 왔다. 이러한 시장효율성가설은 극단적으로 가면 시장이 효율적일수록 주가의 변동은 더 우연적이 되며 가장 효율적인 시장은 주가 변동이 완전히 우연적이어서 전혀 예측할 수 없는 시장을 의미한다.

시장효율성가설은 투자분석가들로부터 환영을 받지 못함은 물론이다. 시장효율성가설이 맞는다면 그들은 밥벌이를 잃게 되며 증권회사들은 전부 문을 닫아야 할 처지에 놓이게 될 것이기 때문이다. 이러한 시장효율성가설은 주로 자유주의시장경제학의 산실인 시카고대학을 중심으로 전개되어 왔는데 그것의 타당성을 놓고 학계에서는 많은 논란이 벌어졌다.

미국 예일대학의 실러(Robert Shiller) 교수는 이 분야에서 권위자로 인정받고 있다. 그는 이 문제를 집중적으로 연구해 왔으며 그 공로로 2013년 노벨경제학상을 수상했다. 그는 시장이 현실에 있어서는 비효율적이라는 증거를 찾는 것이 어렵지 않다고 주장한다. 그가 세운 가설은 시장의 변동성이 너무 커서 합리적인 투자자가 시장의 펀더멘탈(기본)에 합리적으로 반응한다고 보기 어렵다는 것이다. 시장이 너무 과도하게 움직인다는 것은 바로 시장에 버블(거품)이 존재한다는 것을 의미한다.

시장에 거품이 존재한다는 것은 시장이 비효율적이라는 것을 의미하는 것일까? 물론 시장이 비효율적일수록 시장에 더 많은 또는 더 큰 거품이 형성될 가능성은 높아질 것이다. 왜냐하면 '요란한 투자자'(noisy traders)들이 더 많아질 것이기 때문이다. 또 정보가 원활하게 유통되지 않을 수도 있기 때문이다. 그러나 시장이 효율적이라고 하더라도 거품이 존재할 가능성을 전혀 배제할 수는 없다. 합리적 거품(rational bubbles)의 존재가 시사하는 바와 같이 투자자가 합리적이라고 하더라도 그러한 거품이 자신에게는 적용되지 않을 것이라는 기대를 갖고 계속 시장에 머물러 있을 수가 있기 때문이다.

지난 수십 년 동안 미국시장에서 주가가 과도하게 올라 거품이 내포되었을 것으로 추정되는 에피소드가 세 번 있었다. 1987, 2000년,

그리고 2008년이다. 1987년 10월 어느 월요일 주가가 갑자기 20% 이상 폭락했다. 시장의 펀더멘털에 갑자기 먹구름이 몰려온 것도 아닌데 주가가 폭락한 것이다. 월요일에 발생했다고 해서 블랙 먼데이(Black Monday)라고 불린 이 현상은 거품 이외에는 설명하기가 어려웠다.

두 번째로는 1990년 후반 IT혁명의 여파로 천정 높은 줄 모르고 치솟던 주가가 새천년 들어 속절없이 무너지기 시작했다. 나스닥이 2000년 3월 10일 5,049로 꼭지 점을 찍은 지 한 달 후인 2000년 4월 14일 나스닥 주가는 34%나 하락한 3,321로 곤두박질했고, 그 이후 날개 없는 추락을 거듭한 끝에 약 2년 후인 2002년 10월 9일에는 1,114까지 떨어졌다. 이는 최고 정점에 달했던 5,049에서 4분의 1 수준으로 떨어진 것이다. 다우존스 주가도 상황은 비슷했다. 2000년 1월 14일 11,723까지 치솟았던 주가는 2002년 10월 9일에는 거의 반 토막 수준인 7,286으로까지 하락했다.

마지막으로 2000년대에 들어서 미국의 주택경기 과열과 서브프라임 모기지 사태로 유발된 금융위기는 쓰나미가 몰아치듯 전 세계의 금융시장을 순식간에 황폐화시켰다. 다우존스 주가도 2007년 10월 9일 14,164로 최고점에 달한 후 수직으로 하락, 2009년 3월 5일에는 6,594로 50% 이상이나 떨어졌다. 이러한 하락은 불과 18개월 만에 이루어진 것으로서 미국 역사상 최단 기간에 가장 큰 하락폭을 기록한 것이다.

나는 이러한 주식시장의 고공행진과 그에 따른 주가의 곤두박질이 모두 거품 때문에 일어난 것인지를 분석해 보았다. 1988년에 일어난 주가의 폭락은 주가의 균형가격에로의 조정과정이었으며 새천년 첫 해를 강타한 주가의 폭락은 IT붐의 퇴조에 따른 것이었다. 2008년에 일어난 주식시장의 붕괴만이 거품이 꺼진 결과였음을 발견하였다. 그리고 2008년의 거품은 합리적 거품이었다.

그러면 주가의 거품과 그에 따른 주가의 폭락을 예측할 수 있는가? 시장이 효율적이라면 이러한 예측은 보다 더 수월하고 정확할 것이다. 그러나 거품은 꺼지기 전까지는 그것이 거품인지 확인하는 것이 쉽지 않다. 실러 교수는 2007년 주택시장에 거품이 잔뜩 끼어 있다는 것을 경고하고 곧 그러한 거품이 꺼질 것이라는 것을 예측해서 유명해 졌다. 또 닥터 둠(Dr. Doom, 비관론자)이라는 별명을 가진 뉴욕대학의 루비니(Nouriel Roubini) 교수도 2008년 주택시장의 거품과 붕괴를 예견했다고 해서 유명해진 인물이다. 그러나 많은 경우 그러한 예측을 할 수 없거나 그러한 예측이 빗나는 경우가 오히려 더 일반적일 것이다.

한국에서 한 때 미네르바로 알려진 사이버 논객이 리먼 브라더스의 파산을 예상했고 달러 대비 원화 가치의 급락을 예측했다고 해서 많은 화제를 불러 모은 적이 있다. 사람들이 경제학자들의 말은 믿지 않아도 미네르바의 예측은 신뢰한다는 신드롬이 생겨났으며 이로 인해 경제학계는 곤혹스러움을 감추지 못했다. '인터넷 경제대통령'으로 불리기도 한 그는 많은 동조자들을 끌어 모으기도 했다.

미네르바의 부엉이(Owl of Minerva)는 지혜의 여신인 미네르바와 항상 함께 다니는 신조(神鳥)인 부엉이를 말하는데 지혜의 상징이었다. 19세기 독일의 철학자 헤겔은 그의 법철학(Grunlinien der Philosophie des Rechts, 1820년)에서 "미네르바의 부엉이는 황혼이 저물어서야 날개를 편다."(또는 "미네르바의 부엉이는 땅거미가 짙을 때 날기 시작한다.")라는 유명한 문구를 남겼다. 헤겔이 미네르바의 부엉이를 언급한 것은 미네르바의 부엉이(즉 지혜 또는 철학)가 낮이 지나고 밤에 그 날개를 펴는 것처럼, 철학은 앞날을 미리 예측하는 것이 아니라 이미 이루어진 역사적 조건이 지나간 이후에야 그 뜻이 분명해 진다는 것을 말하고자 한 것이다. 미네르바의 부엉이처럼, 경제학의 목적도 앞날을 예측하는 것이 아니라 과거에 일어난 일을 분석해서 그 문제점과 해결책을 제시하는 것이라고 볼 수 있다. 그러나 사람들은 경제학자들이 미래의 경제상황을 예측할 수 있는 능력을 갖추고 있을 것으로 기대한다.

한국의 미네르바는 결국 신통력을 가진 예언자도, 경제를 구할 수 있는 디어스 엑스매키너(deus ex machina)도 아니었음이 밝혀졌다 그가 만약 리먼 브라더스가 매우 어려운 상황에 처할 것이라고 예측했다면 그의 예측은 논리적인 근거를 가지고 있었다고 볼 수 있다. 그러나 족집게처럼 리먼 브라더스의 파산을 맞추었다면 그의 예측은 이미 신통력이 떨어진다. 그것은 우연의 일치이며 그런 점에서 점치는 것이나 다를 바가 없기 때문이다. 사실 리먼 브라더스의 몰락은 운명적인 것이었다. 리먼 브라더스는 망하기 바로 전 미국 폴슨 재무장관, 버냉키 연준의장, 그리고 오바마 정부의 재무장관으로 내정된 가이드너 등 세 사람에 의해 살아남을 수도, 버려질 수도 있었던 카드였다. 파산이 일어날 가능성은 반반이었다고 볼 수 있다. 한국의 미네르바는 동전의 뒷면에 베팅을 했고 그것이 우연히 맞아떨어진 것이다.

글로벌경제위기가 발발하자 한국경제의 장래에 대해서 백가쟁명식 논쟁들이 쏟아져 나왔다. 이명박 당시 대통령까지 여기에 가세하여 판을 더욱 뜨겁게 달구었다. 이 전 대통령은 현재의 국제금융위기는 3년 이상 가지 않을 것으로 전망하면서 "지금 주식을 사면 최소한 1년 내에 부자가 된다는 생각을 갖고 있다"고 말해 시끌시끌했다. 또 이 전 대통령은 후보 시절(2007년) 정권이 교체되면 1년 안에 주가지수는 3000을 돌파할 것이라고 장담했다. 그러나 2014년인 지금도 주가지수는 2000 안팎에서 오르락내리락하고 있다. 만약 이 전 대통령이 "주가는 내려올 때가 있으면 올라갈 때가 있다"라는 원론적인 수준에서 예측을 했다면 시비를 걸 사람은 없었을 것이다. 그러나 그는 여기에서 머물지 않고 '3년 이내,' '1년 이내'라고 구체적인 수치를 제시함으로써 예측의 덫에 걸린 것이다.

과연 경제학자들은 미래를 예측할 수 있는가, 그리고 예측할 수 있다면 그러한 예측은 정확하게 맞아떨어지는가? 인간사에 있어서 미래를 예측한다는 것은 거의 불가능한 일인지도 모른다. "하나님은 인간이 미래를 예측하는 것을 허용하지 않으셨다"고 톨스토이는 말했다. 노벨상 수상자인 프리드먼은 실증분석으로도 유명하지만 그는 "6개월이 넘는 경제예측은 하지 않는다."고 말한다. 그만큼 정확한 경제예측이 어렵기 때문이다.

경제예측은 "오동잎이 떨어지면 겨울이 멀지 않았다"고 예측하는 것과는 다르다. 경험법칙으로부터 확립된 이러한 관계는 예측이라기보다는 선후관계라고 볼 수 있다. 이러한 선후관계는 경제적인 의미에서 예측이 아니다. 예측은 불확실한 미래를 예견하는 것이기 때문이다. 경제학자들은 복잡한 경제모형을 사용하여 미래의 경제를 예측하려고 한다. 그러나 그러한 모형도 어떠한 정보를 입력하느냐에 따라 결과가 달라질 수 있다. 컴퓨터 용어에 GIGO(Garbage In, Garbage Out)라는 말이 있다. "쓰레기 같은 정보를 집어넣으면 쓰레기 같은 결과가 나온다."는 것이다. 정교한 경제모형도 오류로부터 자유로울 수 없는 것이다.

하루나 2-3일 앞을 내다보는 일기예보도 틀린 경우가 비일비재하다. 이와 관련해서 유명한 일화가 있다. 영국국립기상청은 1987년 10월 14일 다음과 같은 일기예보를 내보냈다. "내일은 약한 소나기, 중간 중간 맑은 날씨를 보이겠으며 그리고 얼마간의 바람이 불겠습니다." 그러나 그 다음 날 200년 만에 최악의 태풍이 영국을 강타했다.

모든 경제예측은 현재의 경제추세를 근거로 한다. 현재의 상황이 앞으로 어떻게 달라질지 아무도 모른다. 6개월, 길어야 1년 정도는 그래도 현재의 추세가 크게 달라지지 않을 것이라고 전제할 수 있으며 경제예측이 어느 정도 맞아 떨어질 수 있다. 그러나 1년 후, 2년 후 또는 10년 후의 경제를 예측한다는 것은 점을 치는 것과 별로 다를 것이 없다.

중세 때에는 수정 구슬(crystall ball)을 통해서 미래를 예측하는 수정 점(水晶占, scry)이 유행했다. 그러나 한 가지 분명한 것은 아무리 신통한 수정 구슬이라고 하더라도 미래의 경제현상을 정확히 예측하는 것은 거의 불가능한 일이다. 한 제자가 공자에게 "점이 얼마나 잘 맞습니까?"고 물었을 때 공자는 "7할은 맞는다."고 대답했다고 한다. 점이 열 번 가운데 일곱 번은 맞는다고 본 것이다. 그러나 점이 맞을 수 있는 가능성은 열 번 가운데 다섯 번 정도라고 보는 것이 확률이론이 우리에게 가르치는 결론이다.(물론 숫자를 맞출 확률은 이보다 훨씬 줄어든다.)

미국 역사상 가장 심각한 경제 위기였던 30년대의 대공황의 도래에 대해서도 경제전문가들은 캄캄했다. 대공황의 서곡이었던 1929년의 주식시장 폭락 이후에도 많은 경제예측전문가들은 경제가 곧 회복될 것으로 예상했다. 1931년 경제에 어두운 그림자가 짙어갈 무렵에도 그 당시 가장 유명한 경제학자였던 예일대학의 피셔(Irving Fisher) 교수는 미국 경제는 곧 회복될 것으로 내다보았다. 그러나 대공황은 그의 예측과는 달리 10년 이상이나 지속되었다. 한국이 겪었던 아시아 금융위기도 사전에 이를 예측한 경제학자가 없었다고 해서 한국의 경제학자들이 얼굴을 들고 다니지 못한 적이 있었다.

하버드 경제학자 맨큐는 1982년 경기후퇴 때 경제예측모형들이 어떻게 현실을 맞추었는가를 분석했다. 20개 경제예측 전문기관들이 예측한 실업률의 중간치와 실제 실업률을 비교해 보았다. 여섯 시점(1981:2, 1981:4, 1982:2, 1982:4, 1983:2, 1983:4)에서 앞으로의 5분기를 예측한 것인데 1분기 예측 (3개월 앞)은 비교적 정확히 맞췄지만 전체적으로 2분기(6개월 앞)부터 크게 빗나갔다. 6개월 앞을 예측하는 것이 쉽지 않다는 이야기이다.

우리는 약 6개월이나 1년 이후에 일어날 일을 어느 정도 예측할 수는 있을 것이다. 그러나 장기에 일어날 일 (1인당 국민소득, 또는 GDP 규모 등)을 구체적인 수치를 들어 예측한다는 것은 '믿거나 말거나'식으로 흥미를 돋을지는 모르겠지만 이는 점을 치는 것과 별 다를 바가 없다. 심각한 경제학자들은 1년이 넘는 장기예측을 거의 하지 않는다.

다만 최근 계량경제학의 발달로 우리는 어느 정도 장기적인 추세(구체적인 수치가 아닌)를 전망하는 것이 가능하게 되었다. 이러한 공로로 시카고대학의 핸슨(Lars Peter Hansen) 교수는 2013년 실러 및 파머(Eugene Fama) 시카고대학 교수와 함께 노벨경제학상을 수상했다. 결론적으로 우리는 주가의 장기적인 추세를 전망하는 것은 어느 정도 가능할지 모르지만 그러나 1년 후 또는 몇 년 안에 주가지수가 몇 포인트에 이를 것이라고 예측하는 것은 많은 투자자들에게 깊은 한숨을 짜내는 행위밖에 되지 않을 것이다.

**윤 기 향**

23회

University of Florida 경제학 교수

저서 『현대 거시 경제론』(공저), 『증권의 논리, 투자의 예술』

yuhn@fau.edu

# 역사를 보는 두 개의 눈

김 진 환

사람은 두 개의 눈을 가졌다. 여기에는 조물주의 특별한 의도가 담겼다고 생각된다. 외눈박이라고 한다면 하나의 시각과 관점만이 가능하고 필시 편협과 독선으로 이어질 수 있지만, 두개의 시각과 관점을 허용한다는 것은 사물에 대한 객관성과 합리성을 추구하여 진실에 보다 가까이 접근하라는 뜻일 게다.

영국의 사학자이자 문화평론가인 아놀드 토인비(1889-1975)가 『역사의 연구』에서 두개의 눈이 필요하다고 한 것은 과거와 현재를 동시에 성찰하여야 역사의 진실, 문명의 가치를 제대로 파악할 수 있다는 의미이다.

역사는 과거와 현재의 변증법이다. 역사는 '과거의 것'이지만 역사에 대한 해석은 '현재의 것' 이다. 역사는 단순히 흘러간 과거의 이야기가 아니라, 그 해석을 통하여 현재의 모습을 올바르게 조명할 수 있는 맑은 거울이며, 미래를 설계할 수 있는 훌륭한 스승이 되기도 한다.

역사는 반복된다, 그래서 역사가 가장 뛰어난 예언자라고 말하는 사람도 있지 않는가?

과거를 되돌아보지 못하고 과거의 잘못에서 교훈을 얻지 못하는 사람, 과거를 부정하고 왜곡하는 비틀린 역사관, 천박한 역사의식이

지배하는 집단이나 나라는 미래로 가는 올바른 길을 찾는 나침반을 잃고 집단광기라는 미망의 숲에서 헤매기 마련이다. 그래서 윈스턴 처칠은 "과거의 일은 그냥 과거의 일로 묻어 버리면 미래까지도 포기해 버리는 것이 된다."고 단언한 바 있다.

이웃나라 일본의 아베신조 총리와 아소다로 부총리 겸 재무상 등이 극우 정치인들의 과거 망령에 사로잡힌 역사의 역주행을 접하면서 실망스럽다 못해 처연한 느낌마저 든다.

전범 독일은 나치의 부끄러운 과거를 철저히 반성하면서 나치를 지지, 찬양하는 자를 형벌로 철저히 응징하는 법적·제도적 장치를 마련하여 새로운 역사의 길을 찾아가고 있는 반면, 같은 진범 일본은 종군 위안부, 생체실험, 집단학살 등 부끄러운 과거를 교묘히 숨기고 왜곡하며 A급 전범을 합사한 야스쿠니 신사를 참배하는 짓을 오히려 자랑하거나 나치 수법을 배워 평화헌법을 폐기하자고 부추기는 등 참혹한 과거 군국주의의 길로 뒷걸음치고 있다.

'역사란 무엇인가?'의 저자 E.H. 카는 역사란 '과거와 현재의 끊임없는 대화'라고 하였다. 우리가 역사를 탐구하는 것은 역사가 가르쳐 주는 진실을 배우려는 것이다. 우리의 역사를 제대로 알리는 것은 우리의 뿌리와 오늘의 좌표, 민족의 정체성을 제대로 파악하여 바람직한 미래의 길을 찾으려는 것이다.

오늘은 내일이면 과거가 된다. 과거와 현재 및 미래는 시간적으로 구분되는 것이 아니라 역사 속에 연속적으로 이어진 하나의 과정이다. 그러나 반만년 이어온 우리 배달민족은 이웃 일본국에 의해 망국과 36년간의 뼈아픈 역사의 단절을 겪었다.

역사는 언제나 되풀이 될 수 있다. 구한말 우리의 주변에 있던 열강의 각축이 시계바늘을 과거로 돌려 재연된 조짐마저 보인다. 역사가 '도전과 응전의 반복'이라면 이제 우리는 두 눈을 부릅떠 우리 역사 속에서 빛나는 선조들의 지혜를 찾아 배우고 우리 자신, 우리의 좌표를 냉철히 분석 성찰하면서 우리에게 주어진 수많은 도전에 슬기롭게 응전하여야 한다. 지금이 그때이다. 갈라진 민족과 영토를 합쳐 동아시아의 주역으로 우뚝 서고 세계 속의 한국을 뚜렷이 정립시키는 새로운 미래의 길, 새로운 역사의 길을 창조해 나가는 데 우리의 뜻과 힘을 한데 모아야 할 것이다.

**김 진 환**

25회

변호사, 법무법인 충정대표

법학박사

zhkim@hmplaw.net

시

# Chapter 03

# 글은 꽃이요 독자는 나비

손 해 목

글은 꽃이요 독자는 나비
향기 없는 꽃에 나비가 찾을까
향기 없는 글은 독자가 찾을까

독자가 글을 찾을까
글이 독자를 찾을까

해는 남자  달은 여자
해는 비밀이 없지만
달은 비밀이 있다

글에도 해가 있고
달이 있어야지

해만 있고 달이 없는 글은
향기 없는 꽃이나 다를까

내가 가장 사랑하는 글은
李箱의 倦怠!

**손 해 목**

9회, 한국형사법학회장, 법무부 형사법개정심의위원
재단법인 유기천교수기념사업출판재단 이사
h5sonn@naver.com

# 밀서(密書)

주 광 일

한평생 수많은 책들을 읽었어도

끝내 현명해지지 못했네.

무정한 세월을 넘고 넘어

아까운 청춘을 탕진했어도

나 자신을 극복하지도 못했네.

나 어릴 적

"부끄럽지 않게 살자"고 마음먹고

몸부림도 쳤지만,

남은 건 허물뿐이네.

시든 몸에 부끄러움뿐이네.

**주 광 일**

19회, 변호사, 국제 펜크럽 회원

전 국민 고충 처리 위원장

kichu@naralaw.com

# 물속의 잠

박 수 중

깊은 잠에 빠진다
꿈속이었나

강화유리 창을 깨지 못하고
물고기처럼 입을 벙긋거리자
베르히만[12]의 영화처럼
몇 개의 얼굴이 지나가고
올려다보는 하늘은 물로 가득 찼다
내 목에 뭉친 말들이 아가미로 돋아난다
내 몸은 서서히 부유하여
시간이 정지된 물속을 헤메이고는
선실 밖 수초 옆에 가서 눕는다
물의 밀도 있는 질감 속으로
지난 시간의 파편들이 따라와 옆에 눕는다
세월의 강에서
고르지 않은 일상의 바닥에 빠지지 않게
발을 곧추 세우던 일
성장의 거센 폭풍이 올 때마다

---

12) * Ingmar Bergman(1918-2007) 스웨덴 영화감독

떠내려 가지 않게 허우적거리던 일
파노라마 같은 순간들이
미끈미끈 내 기억의 촉수를 건드린다
수면水面,睡眠 끝으로 학교가 비치고
교정에서 누군가
멀리서 가져온 목련을 심고 있다

**박 수 중**

20회, 시인, 전 외환 코메르츠 투신 운용㈜ 대표이사
sjpark4458@hanmail.net

# 거꾸로 보는 세상

김 광 로

### 1. 사랑은 미움이다

사랑은 지독한 미움이다
마음대로 안 된다고
미워하다 지쳐
자기마음을 바꾸면서
성숙 되어 가는 가을 감나무

사랑은 치열한 싸움이다
지나친 관심이
간섭이 되고
조용히 있기를 원하는
봄날의 잔잔한 호수

사랑은 진흙탕 물이다
깨끗하지도 순수하지도 않으며
더러운 손으로 만신창이
얼굴을 쓰다듬고 만져주는
흙탕물 속의 숨바꼭질

아 지금 우리 부부가,
여야가, 머리띠 멘 노사가,
그리고 남북이, 한국과 일본이
열심히 사랑하고 있는 모양이다

정말 세상은 반대로 보아야
한다는 옛날 말이.

## 2. 헤어져야 산다

나는 통일이 싫다

복잡하다고
음식 주문을 한 가지로
통일하는 것
정말 질색이다

목소리 큰사람이
다수가 원한다고 밀어 부치는
그런 회의는 다시는 참석하고
싶지 않다

진리 정의 선악이라는 고정관념에
모든 것을 판단하는 것은
정말 흐르지 않는 물이다

소수자 약자 열외자를
존중하는 사회가

행복이 자라는
햇볕 좋은 텃밭이다

헤어져 살면서
서로 다름을 경쟁하고 존중하는
조화를 이루는
저 자연을 배우고 싶나

### 3. 위선자

선한 위선자가
되고 싶다

미워도 사랑해요
싫어도 잘했어요 수고했어요
형편없어도 좋습니다 재미있는데요

전혀 말도 안 되는 소리에도
그럴 수 도 있겠네요
얄미워도 미안해요

아 그런 거짓말을 자꾸 하니
상대방도 기분 좋고
그러니 나도
내 마음도 서서히
바뀌는구나

정말 속마음 그대로
이야기한다면
얼마나 같이 지날 수
있을까

솔직한 말은 사람을 죽이고
위선이 우리 모두를
살리는구나

### 4. Real Love

Love yourself
Instead of enemy;

Be generous to yourself
Then you will be comfortable
To accept others' mistakes,

Be humble to your poor life,
You will become more respectable
To people's miserable

Close your eyes,
Listen to your deep inner voice,
Which is your soul,
Where is God

To love yourself is
To love your God

God will help you
Love others,

To love yourself
Is real Love.

## 5. Foolish

I want to be foolish to go
Not by short cut
But by round way

Extra time is giving me
To walk more to review myself
And think about surroundings

Everybody wants to be quick winner
But I want to be the last person of competition
Only just not to be drop-out
Through steady efforts
And daily hard working

I will be comfortable
To enjoy my long journey

Foolish thinking could be free
From nervous and busy life

Really foolish way of life is best
To be smart
And humble thinking

## 6. 가롯 유다

가롯 유다는
억울하다
배신자라고 한다
그러나

십자가와 부활이
오래 전부터
하늘에서 예정된 것처럼
자기의 악역도
운명이었는데

만약 그 역할이 없었다면
십자가와 부활이

있을 수 있었겠는가
달리 보면 가롯 유다는
훌륭한 제자인 것이다

정말
사람에 대한
판단은
하늘에 맡겨야
한다는 옛 말이 생각난다

김 광 로

23회, 화가, 전 LG그룹 사장
저서 『세계경영 크레도』
krkim46@naver.com

Chairman of India
Productivity Initiative
& India Yongwol Forum

# 제주 곶자왈 외 2편

김 영 수

곶자왈
넝쿨과 수목이 밀림을 이루는 곳

새 소리, 바람소리 있고
나뭇가지 사이 햇살
따스한 평화를 피우며
바위 위를 흐르는 가느다란 물 줄기
영롱한 정적을 이루는 곳
나 이 곳에 누워 푸른 하늘을 우러르며
생명을 생각하리

# 4.3 기념관에서

오래된 압제가 만든 저항
얼룩이 너무 깊어 지워지지 않는 상처
수만의 원혼들이 떠도는 한라의 중턱에
하나하나 이름 새겨 그 들을 불러본다
세 살 네 살 아이들 이름도 눈물로 불러 보고
이름조차 새기지 못한 희생자며
행방불명되어 아직 한라산을 떠도는
시신 없는 이들의 위령비 자리도 어루만져 본다

수백 수천 년 외세에 휘둘리고
굶주림과 압제에 찌들어
오로지 탈도 만 생각하던 이들 섬사람들이
가난을 벗고 긍정적으로 사고하고 용서하며
이제 낙원의 노래를 부르려는데
아직도 남아 있는 저항의 뿌리가
이곳저곳 한 여름 구름처럼 불거져 나와
또 다른 위령비를 세우려 하네.

# 백록담

발아래 저 멀리
푸르다 못해 하얘진 손바닥 속 같은 작은 담
커다랗고 깊은 분화구의 저 끝에
마르면 아니 될 것 같아 끈질기게 남아
한줌의 생명을 움켜쥔 채 부활을 기다리다

수 십 만년 걸려 쏟아지고 또 쏟아진 용암 줄기가
다시 수 십 만년 걸려 생명을 잉태할 때
불로초를 찾아 서시가 왔다 가고
태양이 뜨는 곳을 찾아온 바다사람들이
터를 잡았던 곳

큰 별 작은 별이 싸우고
백제와 신라 그리고 고려를 거쳐
몽고의 말들이 자라고
유교가 설문대할망을 몰아내던 곳
그 사연 사연들이 해 묵은 이끼 되어
말없이 찬연히 빛나는 곳
그 곳에
불로초 먹은 동남동녀 오백이
영생의 바위가 되어
무심히 물마시고 구름을 우러르는
하얀 사슴을 기다리다

**김 영 수**

23회
여행작가, 수필가
저서 『해안선에 남겨진 이름들』 외
yuyu@yuyutour.com

# 눈물 외 2편

윤 경 희

눈물을 흘리니
눈이 맑아진다
마음이 깨끗해진다
가슴이 열린다
세상이 올바로 보인다.

(아! 울어봐야 세상을 안다.)

# 눈

눈을 맞아 본 사람이 눈을 안다
눈을 밟아 본 사람이 눈을 안다
눈 속에서 울어 본 사람이 눈을 안다

눈 속에
얼마나 많은 그리움이 묻혀 있는지
얼마나 오랜 시간들이 잠들고 있는지
얼마나 아름다운 추억들이 다시 살아나는지
얼마나 많은 사람들이 만났다 헤어지는지
얼마나 예쁜 꽃들이 다시 피는지

# 대모산

늘 함께 오르던 길
오늘도 혼자 오릅니다
떡갈나무 그림자 깊어 바람소리 잦아듭니다
머리 위에서 들리는 까치소리가
그리움을 깨웁니다

산 위에 오르면 강남의 아파트들이
성냥갑보다 작아지고
자동차가 시계바늘처럼 소리없이 미끄러집니다

내게는 아무도 없습니다
혼자 있음은 비장함입니다
어디선가 바람이 휘이 불어오고
푸른 하늘은 텅 빈 구멍입니다

사랑한다는 것은
오지 않아도
영원히 기다린다는 것입니다.

**윤 경 희**

23회
시인
맥쿼리 증권 회장
시집 『어둠 속에 눈을 뜬들 무엇이 보이랴』
khyoon47@daum.net

# 분노의 계절

조 용 국

역시 4월은 잔인한 달이었다.
절벽 같은 공포와 절망에 차라리
모든 것을 맡겨 버렸겠구나
얼마나 억울하고 원통하며 참담 하였겠느냐?
모든 패덕한 것들을 결코 용서하지 말거라.
신(神)은 어디에 있는 걸까?
이럴 땐 신(神)마저도 침묵하는 걸까?
썩어빠진 어른들, 위선과 가식으로 으시대던 모든이들,
젊은 영령 앞에 석고대죄 할 지어다.
악의 씨앗을 拔本塞源하여 改過遷善 하여야 그나마
지은 죄 값을 조금이라도 갚을 수 있게 된다.
파도야 울먹이지 말아라.
바다여 울부짖지 말아라.
분노의 계절! 분노의 세월(호)!
결코 용서하거나 잊지 말자
그러나 이대로 주저앉을 수는 없다.
다시 일어서서 그대들이 못다 한 통곡의
노래 2절을 힘차게 불러주마.

삼가 명복을 빕니다. 영면하소서.

**조 용 국**

23회

동창기계(주), 동창모텍(주) 회장

justdo69@hanmail.net

# 도대체 너는 누구냐? 외 5편

이 동 진

네거리가 동서남북 꽉 막힌
교통지옥에서 구원을 외치는 사내, 너!
사방에서 누구나 휴대전화에 대고 악을 쓰는
소음 지옥에서 명상이 구원이라 외치는 여자, 너!

인신매매 살인방화 극악한 범인들에게도
인권은 있다! 목숨은 무조건 모두 신성하다!
미성년자 강간 부녀자 연쇄살해 범인들에게도
인권보호! 초상권도 있다!
그렇게 외치는 백면서생 남녀, 너, 너!

뇌물 지옥에서 청빈과 정직을 가르치는 선생, 너!
아첨 지옥, 모략 지옥, 배신 지옥, 정치 지옥에서
권모술수 생존경쟁 줄타기 묘기 모범인 너! 너!
모든 사람을 무조건 사랑하라 설교하는 너!

도대체 너는 누구냐?
천당에 가 본 적도, 갈 리도 없는 너,
너는 도대체 누구냐?
사랑도 정의도 자비도 알 턱이 없는 너,
너는 도대체 왜 이승에 태어났느냐?

# 거짓말하는 지도자들

책이 없어서 공부하지 못하는 것은 아니다
책이 너무 많아서 오히려 헛갈리는 세상이다
공부하지 못해서 거짓말하는 것은 아니다
오히려 공부를 너무 많이 했기 때문에
남보다 더 똑똑하다고 자만하기 때문에
거짓말을 떡 먹듯 해대는 지도자들이다

그들은 잘못된 책만 일부러 골라서 읽었고
좋은 책을 읽어도 잘못 읽었으며
공부를 아무리 많이 했어도 의도가 불순했고
생각을 많이 했다고 해도 소경의 편견일 뿐

문화가 없어서 그렇다고 말하지 마라
그것은 예전에도 있었고 미래에도 있을 것이다
다만 지금, 여기, 그들에게만 없을 뿐이다
그것은 지도자들이든 대중이든
바보상자, 컴퓨터, 영화 스크린에서
돈, 인기, 투표 따위에만 눈독들이기 때문이다

책다운 책이 없다고 함부로 까불지 마라
동네마다 사람다운 사람이 없을 뿐이다
신도시에 아파트, 교회와 대학교가 날로 늘어도
쓸 만한 사람은 더욱 드물어지는 이유는 무엇인가?

## 청문회 공범들

부동산 투기 말입니까?
그건 아내가 한 일이라 나는 모릅니다.
그러나 여러분 가운데 누군들 안 했겠습니까?
위장 전입을 했는지 물으시는 것입니까?
그것도 아내가 한 일이라 나는 알 리 없습니다.
그러나 여러분인들 어느 누가 안 했겠습니까?
재산등록에 누락이 많다는 지적입니까?
하, 참! 입도 안 아프신 모양이군요.
그건 기억이 잘 나지 않아 모르겠습니다.
그러나 여러분인들 모조리 기억하고 있습니까?
있느냐 없느냐 딱 부러지게 말하라는 겁니까?
더 이상 여기서 말하는 건 부적절합니다.
이것저것 시시콜콜 여기서 딱 부러지게 말한다면
여러분 가운데 누군들 허리가 딱 부러지지 않겠습니까?
역지사지 易地思之!
세상만사 다 그런 거 아닙니까?
질문하는 여러분도 답변하는 위치에 놓일 겁니다.
언젠가 이 자리가 아니라면,
과거 현재 미래 깡그리 들여다보는
한없이 거대한 현미경 아래 놓이게 된다 이겁니다.
형식에 불과한 청문회라면,

아니, 바로 그러니까,
여러분이나 우리나 모두 공범 아닙니까?
공범 공화국 만세! 차라리 솔직하게
우리 다 같이 만세 삼창하고 그만 합시다!

# 청백리의 백비 白碑

한 세상 깨끗이 살았으면 그만이지
비석은 세워서 무슨 소용인가?
굳이 비석을 세운다 한들
무슨 말을 거기 새길 것인가?
하찮은 손이 쓴 번드르르한 글 따위로
정녕 위로라도 받는단 말인가
이미 흙으로 돌아간 자의 혼령이?

관리들이 줄지어 늘어서서 고개 숙인다.
전국 각지에서 너도나도 몰려든다.
유행! 체면! 실적!
고향의 영광? 관광사업! 돈!
그렇게 해서, 그렇기 때문에
깨끗한 관리들이 대량 배출된다면야
우리나라 만세!

그의 백비에는 사실 이렇게 적혀 있다.
썩은 동태눈에는 절대로 보이지 않는 글.

나의 묘에는 분향도 헌화도 묵념마저 부질없으니
차라리 온 백성을 향해 허리 깊이 숙여라.
내 이름 따위는 칭송할 가치조차 없으니
온 백성이나 늘 하늘처럼 지성으로 섬겨라.
청백리로 역사에 남을 생각마저 버리고
남들이 알든 모르든 그냥 깨끗하게 살아라.

## 누룽지와 복지

밥을 해야 누룽지가 나오지,
생쌀에서 어떻게 나와?
밥이 되야 누룽지를 만들지,
생쌀로 어떻게 만들어 내라는 거야?

떡메로 쳐야 떡이 생기지.
땀 뻘뻘 쳐야 떡이 맛있지.
찹쌀밥 멀거니 구경만 하면
어느 세월에 그게 떡이 되겠어?

너도 나도 일해야 먹을 게 나오지,
빈둥빈둥 빈손에서 뭐가 나와?
먹을거리 넉넉해야 서로 나누어 먹지,
바각바각 빈 쌀통 뭘 나누자는 거야?

복지, 복지, 아, 감지덕지하지!
무상 복지, 무상 분배, 아, 지상천국이지!
오늘은 배 터지게 먹고 내일은 죽자!
그 따위야 누가 못해?
얼간이, 망둥이, 꼴뚜기나 하는 거라고!

잘난 놈, 용빼는 년 하도 많아
망하는 것도, 아, 멋진 나라!
그거 어느 나라야?
관광하러 가자!

# 비교적

넌 비교적 돈 좀 있을 뿐이지.
너보다 돈이 더 적은 사람 무수하지만
더 많은 사람 역시 헤아릴 수 없지.

아무리 잘났다 해도
비교적 그렇지.
그뿐이야.

아무리 힘이 세다 해도
비교적 그렇지.
그뿐이야.

아무리 오래 산다 해도
역시 결국은
비교적 그렇지.

비교하지 않으면 행복해질까?
비교하지 않고는 못 배기는 거,
그게 사람 아닐까?

비교라는 말조차 잊어버려!
될까?

비교적 인간답고…
비교적 지구답고…
비교적 우주답고…
비교적 신다운 것도 있을까?

**이 동 진**

24회
시인, 소설가, 전 외교통상부 대사, 해누리 기획출판사 대표
시집 『사람의 아들은 이렇게 말했다』 외
소설집 『우리가 사랑하는 죄인』 외
수필집 『천사가 그대를 낙원으로』 외
dongjin337@hanmail.net

# 솔직한 演劇

장 지 석

막이 열립니다
우리 무대 위로 오릅시다

아름다운 演劇무대만이 무대는 아닙니다
우리가 있는 그 자리가 바로 무대가 될 수 있습니다
지금 바로 그 자리에서 演劇합시다
솔직한 演劇 말입니다

구경만 하고들 앉았는 사람들
도리어 비판을 일삼는 인간들
차라리 겸손을 즐기는 친구들
오히려 달관을 논하는 무리들

사랑이 항상 주제가 될 수는 없겠지요
(사랑이 항상 주제가 된다면 얼마나 좋을까요)
때로는 외로움, 죽음, 공허함과도 싸워야 하겠지요

각자 자기 나름대로의 이야기를 만듭시다
솔직하게 그리고 아름답게

돈키호테가 아닌 햄릿이 아닌
게리 쿠퍼가 아닌 엘리자베스 테일러가 아닌
미스타 리는 미스타 리의 演劇을
미스 김은 미스 김의 演劇을

한적한 달밤 숲속을 거닐며 되뇌는 獨白도 있을 거고
눈이 오는 거리를 戀人과 어깨동무하는 듀엣도 있을 거고
아니면

무더운 오후 답답한 사무실 속에서 짜증내며 신경 질 내며
전화 걸고 글씨 쓰고 도장 찍고 보고하고 명령하고 농담까지 하는
그러한 드라마도 있을 거고

目標가 돈이라도 좋소
권세라도 좋소
명예라면 더욱 좋소
악역이라도 좋소
조연이라도 좋소
아무래도 좋소
연기마저 좋으면 정말 좋소

그러나 마음대로 할 수 없는 일은 한 가지
네 발에서 세 발이 될 때까지
울며 불며 때로는 광란하며
억지로라도 끝까지 해 내야 되는 주어진 운명

막은 언제나 열려 있습니다
사시사철이 변함없이 바뀝니다
등장인물만이 변하고 그리고 사라져 갑니다

우리 무대 위로 오릅시다

내가 주인공 네가 엑스트라
네가 주인공 내가 엑스트라

# 인 더 정글 어브 서울 코리아

오래간만에
돌아와 본 서울은
텅 비어 있었다.

거리엔 갈보들만 득실거렸고
갈보를 갈보라고 이야기 하지도 못하는
어려운 세상이 되어 있었다.

아이들은 더 이상
정몽주의 글을 외우지 않았다.

정몽주의 丹心이 필요할 정도로
지속된 왕조도 없었고
변화무쌍한 정권 속에 살아남기 위하여
정몽주는 모두에게 거추장스러운 존재로 되어 버렸다.

목숨도 붙어 있고 나서야 절개 아니겠느냐,
신의 지키다 죽으면 무엇 하느냐.
세상 바뀌면 신의라는 것도 바뀔 텐데
모두에게 생존이야말로 최대의 관심사이자 德目으로
둔갑해 있었다.

경상과 전라가 대통 싸움판을 벌리는데
서울놈들은 모두 숨어버렸다
싸움도 말리지 않고

모두들 악이 받쳐서
눈에 눈에 불을 켜고
오늘의 먹이를 찾아 나선다.

먹이사슬이 꼬리를 물고 이어지고
맨 꼭대기에선
롯데 월드가 굵은 파이프를 갖다 대고
돈을 빨아들이고 있다.

자동차가 늘어나서 제아무리 빨리 달려도
통근시간은 단축되지 않고
문 밖을 잠시 벗어나도 淸溪가 흐르던 곳이
차를 타고 아무리 달려도 맑은 시냇물은 찾을 수 없다.

자연이나
사람이나
모두 더렵혀진 서울

서울을
漢江은 유유히 흐르고 있고
北岳은 말없이 내려다 보고 있다.

누구
민족의 자존심을 살려
이 분노, 이 끓음, 이 애국심을 한데 묶어

오랑캐들 얼굴 위에
내뱉아 줄 친구 없는가?

**장 지 석 張志石**

24회, 전 경원대학교 법대 교수, 시인
시집 『솔직한 연극』(1983, 인문당),
『인 더 정글 어브 서울 코리아』(1991,예전사)
poeta3@naver.com

# 삼풍참사 위령탑 앞에서 외 2편

황 선 태

염원 담긴 탑 아래
못 다한 사랑 횃불처럼 타오르고
20년 우풍설(雨風雪)에도
마음 한 올 바래지 않아

꽃 같았던 딸 이름 앞에
하얀 국화꽃 올려
서른아홉 번째 생일을 축하하고 있네
곁에 있어도 곁을 떠나도 어머니 마음

# 미 서부사막을 지나며

처음부터 돌덩이였을까?
처음부터 마른 풀이었을까?
온몸 불볕에 화석(化石)처럼 앉아 있다

하늘의 벌을 받은 것일까?
무언가 애닯게 호소하는 늣
내 귀로는 알아들을 수 없음이 안타깝다

달려도 달려도
끝은 어디인지
앞도 옆도 파란하늘이 땅과 맞닿는 곳

맞닿은 곳 지나면
행여 파란 하늘에 식은
푸른 초원이 나오려나?

초원은 쉽게 제 얼굴을 드러내지 않는데
똑 같은 생각을 되풀이하니
어이없구나!
내 작은 눈으로는 어쩔 수 없구나

# 무늬둥글레꽃

어릴 적부터 자줏빛 외투 입고
기품이 달랐었지
봄비 맞고 부쩍 품격 더욱 갖추었네
노란 무늬 잎살에 새겨 넣고
쌍방울까지 달았구나!

쌍방울에 한 눈 팔려
이름 모르는 사람
경솔하게
쌍방울꽃이라 부르네

서운하지?
소박한 듯하지만 격에는 맞지 않아
난 네 이름표의 이름
품위 있는 우아한 이름
무늬둥글레꽃이라 부를 거야
목숨을 다하는 날까지 오래오래 품격을 잃지마

**황 선 태**

24회
변호사, 법무법인 로고스 대표
저서 『동남아 각국의 공안정세』(공저)
hwangst99@hanmail.net

# 수도원 일기

윤 종 필

용맹하여도 자연 앞엔 겸허할 줄 알던 그들이
깃털 화려하게 꽂은 머리띠 두르고
말 안장에 올라 능숙한 모습으로 오르내리던 길을
하늘 부끄러워 모자 하나 눌러쓰고
백여 마리 말이 끄는 쇠 마차 몰아
잘 못 들어선 길인지 내내 번민하다가
가까스로 산꼭대기에 이르러 안도한다

속 시원히 호형호제 할 수 없어
아직 조심스런 호칭으로 거리하고 있지만
가까이에서 혹은 멀리에서 오랜 세월을 공유하며
늘 그립고 반가웠던 얼굴과 포옹을 나누자니
흑백 견 두 마리의 꼬리 인사조차 친밀하다
짝 잃은 사의 눈은 별을 가늠하지 못하는가
밭에서 따온 호박이랑 가지랑 볶기도 하고
끓여 놓지 않았다기에 안심했던 곰국도 찾아 데우고
찌개와의 영역이 모호한 애배추 된장국도 끓이고
소고기인줄 알고 덜 익히려다
뒤늦게 돼지고기라기에 다시 더 굽기도 하고
까만 고추장에 버무린 닭도리탕은 스튜로 변신하고

추억이 고여 있는 회랑에서는 갈비가 익어가고
사라의 먼 길 찾아온 생선회로 화려한 만찬을 삼고
맥주, 와인, 소주, 버번 위스키의 샘은 넘쳐흘러
냇가에 심은 버들인양 목마르지 않다

일거에 일 끝내려는 욕심이 자동 삽을 땅에 박아
몇 갑절의 수고를 낭비하여
"인생 그렇게 살지 말라"는 익살스런 충고에
한 바탕 웃고
"함께하니 일이 수월하다"는 자평에
"거의 내가 혼자 했다고 봐야죠"라는 농으로 응수하여
광활한 공간에 또 한 바탕 웃음을 채우니
격의 없이 나눌 수 있는 마음이 참으로 귀하다

많은 방의 어느 하나에 들어 잠을 청한다
마음에도 방이 여럿 있어서
이런 저런 생각을 갈등 없이 다 담을 수 있다면
여명을 기다려 핀 아침노을이 곱다
저녁이 되어야만 노을이 아름다운 줄 알았는데
삶은 온갖 조건으로 묶여 있어도
생각일랑 방자하게 넘나들어라
떡, 정과, 안방극장, 그린하우스, 포도원을 논하고

와이너리에서 제법 익숙한 표정으로 시음도 하고
의도한 바와 다른 성당에서 미사도 드리고
산중의 시간은 짧아도 여운은 깊다.

**윤 종 필**

28회
benedictyun@gmail.net

# 낙타의 눈 외 2편

김 용 균

극한(極寒)의 칼바람이 살을 에는
처절하리만치 서러운 초원의 밤을
주검 같은 침묵으로 홀로 지새며,
끝내 밤하늘에 별빛조차 모두 스러졌어도
내 눈에는 푸른 광채가 형형(炯炯)히 빛나고나.

숨 막히는 태양의 광기(狂氣) 속에서
날 선 죽음의 유혹마저 견디면서,
모래바람뿐인 끝없는 사막을 한 걸음으로
물 한 모금 못 마신 채 건너왔어도
네 눈에는 맑은 눈물이 촉촉이 비치고나.

짐짓 방울소리 울리지 않는 낙타여,
영락없이 나처럼 인고와 겸손을 치장하고
순량한 네 등허리에 올라 고삐 잡은 손들,
수만리길 서방정토의 극락을 헤매어간다만
부처는 정작 네 눈 속에 시퍼러니 살아있고나.

# 강물

굽이굽이 거친 계곡을 요란하게 휘돌더니
여울에 수없이 부딪치고서 잔잔해져 내려가네.
강물이 낮은 곳으로 말없이 향하는 까닭은,
제 몸 낮추고 목소리마저 사려야
인연은 비로소 빛을 내는 것.

무심한 햇살을 데불고 수백리길 흘러가며
멀리서 바람 부는 기척에도 너울거리네.
강물이 지쳐도 쉬임없이 물결치는 까닭은,
사무친 그리움에 미치도록 흔들려야
인연은 마침내 모질어지는 것.

# 동심초(同心草)

이젠 잡초라고 부르지 말아요.
이름을 모를 뿐이지 세상에 이름 없는 풀이 어디 있나요.
제 이름 두고 잡초라고 부르면 너무 야속치 않은가요.
범의 귀, 꿩의 다리, 부처손, 처녀치마, 며느리밥풀, 노랑하늘
매발톱, 누운 구름꽃, 거북꼬리 은방울꽃, 개소시랑개비…
저들도 이렇게 고운 이름으로 불리고 싶지 않겠어요.
봄이면 언 땅을 뚫고 새싹 내밀고 저마다 향기로운 꽃을 피우니
이름난 풀들과 무엇이 다른가요.
온종일 저만치 외롭게 앉아있다가도
가다가 어루만지면 그때사 말없이 더 푸르러지는
그저 이름 모르는 풀들이지만,
간절한 사랑을 기다리고 그리워하며 사는 건
우리나 저희들이나 모두 똑같은 마음일 거예요.
다시는 행여 잡초라고 부르지 말아요.
아무래도 이름 모르겠거든 가만히 동심초라고 불러보세요.

**김 용 균** 金龍均

31회, 전 서울행정법원장, 현 변호사, 봉사단체 '연탄은행' 홍보대사
서울법대 장학재단 이사,
저서 『숲길에서 부친 편지』(서간집)
『소중한 인연』(독서노트), 『낙타의 눈』(시집)
yongkyun.kim@barunlaw.com

# 추(秋) 외 1편

강 세 오

아까운 친구가 갔다.
龍王님 보고파
한강 타고 갔다.

푸른 여름이 산다.
가쁜 여름이 간다.
아픈 여름道 간다.

헐떡이는 무더위 속
蕭瑟바람이 無念으로 스민다.

벌써 귀뚜라미가 운다.
가을이다.

# 四季

가을
너
그리움

겨울
나
외로움

봄
서로
기다림

여름
多
설레임

**강 세 오**
34회
KOICA 해외한국어교육봉사단(주. 우즈베키스탄 파견 예정)
dpuple@hanmail.net

# 수필

# Chapter 04

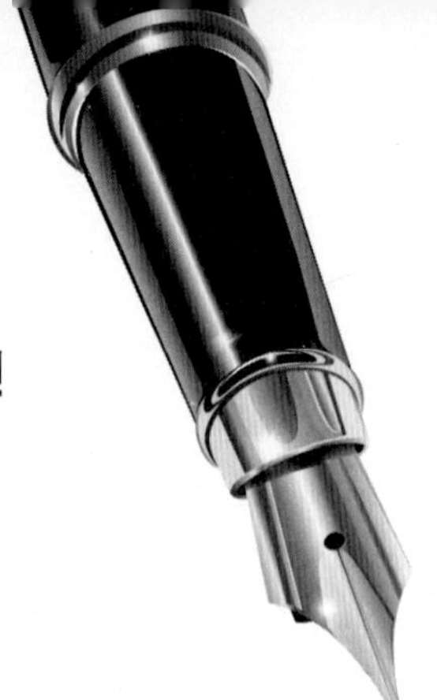

# 만년필 외 1편

이 대 황

6.25 전쟁 이전 국민 학교 때 필기도구로는 연필, 펜촉 그리고 만년필이 있었다. 잉크에 찍어 쓰는 펜촉 글씨는 글씨 연습의 기본으로 삼고 있었다. 그 후 세월이 흐름에 따라 필기기구는 진화를 거듭하여 볼펜이 등장했고 水性펜이 나왔고 다시 中性펜(Gel Pen)으로 발전되었다. 볼펜은 油性이라 물속에서도 잘 써지고 보존되는 장점이 있으나 기온에 민감하고 장시간 사용 안 하면 처음 쓸 때 잉크가 잘 안 나오고 여름에는 잉크가 줄줄 새는 결점이 있다. 이것을 보완 한 것이 수성펜과 중성펜이라 하겠다. 그러나 볼펜을 비롯하여 모두 Metal Tip 이라는 작은 쇠구슬이 회전하며 글자를 만들기 때문에 速記에는 강점이 있으나 글씨체가 거의 같아 개성이 부족하다는 비판이 있다.

개인의견으로 우리에게 더 적합한 것은 만년필이 아닌가 한다. 필기자의 개성이 잘 표현되고 멋을 부릴 수 있다고 본다. 필자는 지금까지 여러 Brand 의 만년필을 수집하여 왔다. Mont Blanc, Pelican, Rotring(이상 독일제품), Waterman, Pierre Cardin(프랑스), Sheaffer, Cross(미국), Parker(영국), CARAN d'Ache(스위스)와 Platinum, Pilot, Sailor(일본)등이다. 이들 제품들을 장기간 사용해본 결과 선호도는 개인차가 상당히 크다는 점을 알게 되었다. 필자의 경우 좋은 만년필 평가의 기준은,

1. 만년필을 처음 쥐었을 때 Grip 感이 편안해야 하고
2. 펜촉(Nib)이 약간 눌러서 끝이 살짝 벌려 지고 부드러우며(Soft Tension) 잉크가 잘 흘러야 한다. 메이커에 따르면 펜 끝이 딱딱한 Hard Tension 펜촉은 잉크가 적게 나오며 잉크절약이 되나 같은 굵기라도 細筆이 된다 함.
3. 펜촉의 각도(筆角). 필자는 펜촉을 세우지 않고 약간 눕혀서 쓴다
4. 물론 가격이 적당하여야 한다. 高價라고 좋은 만년필은 아니다.

이러한 기준에 맞는 만년필은 무엇일까? 일본 최고가 제품 Platinum 중 preppy 라는 低價 상품이다. 일본 국내에서 고등학생用으로 개발한 것이라 한다. 일본의 여러 연령층에서 호평을 받아 한국시장에도 진출하였다. 우연히 서울 광화문 교보문고에 책사러 갔다가 이것을 보고 잉크 없이 試筆한 후 즉석에서 구입했다. 한국에서는 신품 시필 때 잉크사용이 금지되어 있는 이상한 나라이다. 하긴, 자동차 메이커가 지정한 모델 이외는 새 차를 시운전 없이 사야만 하는 곳이기도 하다. 가격은 잉크 카트리지 2개와 Ink converter 한개 포함하여 13,000원에 불과하다. 이외에 두 가지 애용품이 더 있다. 하나는 Pierre Cardin 의 Saturn 이고 다른 하나는 Rotring 의 低價 만년필이다. Rotring 은 본래 설계용 필구와 제도기 메이커로 세계적으로 이름난 독일 회사이다.

필자는 1970년대 독일 최대항구 Hamburg 를 일 년에 두 번 그곳의 주요 거래선 을 만나기 위하여 방문하곤 하였다. 어느 주말 시내 중심가인 Ost-West Strasse 의 문방구점에서 산 것이 Rotring 만년필이었다. 점원의 설명은 이 회사가 일반용 만년필을 처음으로 제조한 것 인데 펜촉이 Iridium 이고 14金만큼 부드러우나 더 단단한 금

Hamburg는 독일 제2의 도시로 13~15세기 Hansa동맹의 맹주로 번영을 누렸던 곳. Alster호수가 시내를 감싸고 있고 청결하고 잘 정돈되어 있는 활기에 찬 港都

속이고 마모가 적다는 것이다. 당시 고급 만년필은 모두 14K 펜촉을 사용하여 값이 비쌌다. 그러나 이리디움은 값이 저렴하고 품질이 더 우수하여 독일이 세계에서 처음 개발한 것이라고 은근히 자랑하던 기억이 난다. 가격은 $5 정도였다. Rotring 은 아직도 잘 쓰고 있으며 처음 구입 때처럼 변함이 없는 것 같다. 지금 대부분의 고급 만년필도 이리디움을 사용하고 있다 한다.

만년필의 펜촉 굵기에는 일반적으로 네가지가 있다. Bold(굵은것), Medium(중간), Fine(가는것), Extra fine(세필) 인데 필자는 평소에는 Medium을 사용하나 회사의 계약서 같은 주요문서의 서명은 Bold로 한다.

만년필에 사용되는 잉크의 色도 개성을 나타내는 것 같다. 우리나라와는 달리 미국, 영국, 이탈리아, 프랑스, 독일 등지에서는 흑색, 청색 이외에 Purple Red, Olive Green, Orange, Violet 도 많이 쓰고 있는 것을 보았다. 필자는 학생시절에는  흑색을 사용하였으나 지금은 Royal Blue를 더 좋아한다.

# Camera 小考

## 가. DSLR(Digital Single Lens Reflex) 카메라

DSLR은 카메라 형태중 하나인 SLR(Single Lens Reflex)의 필름과 디지털 두 가지 방식 중 후자 방식을 뜻한다. 카메라의 렌즈를 통해 들어오는 빛을 거울에 한번 반사시켜 View Finder(필름 카메라) 또는 LCD화면(디지털 카메라)으로 被寫體를 보여주는 방식으로 렌즈가 보는 것처럼 사용자도 똑같은 화상을 보는 형태이다. 一名, 一眼 實像방식 이라고도 한다. SLR방식을 디지털에 접목시켜 필름이 필요 없는 사진 혁명을 일으킨 것이 DSLR이라 하겠다. DSLR의 필름에 해당하는 Image Sensor는 필름 카메라와 동일한 35mmx25mm 이다. 지금까지 카메라 세계를 지배하던 독일의 Leica와 Contax 필름 카메라, 이른바 35mm 카메라의 필름 원판 사이즈와 똑같다. 아직도 35mm 필름 SLR방식 카메라는 전문가들 사이에서 사랑을 받고 있다. DSLR의 여러 가지 장점중 하나는 빠르게 움직이는 被寫體를 정확하게 초점을 맞추는 '자동초점 기능'이다. 이는 자동초점 기능이 있는 Mirrorless Camera보다 더 빠르고 정확하다.

## 나. Mirrorless Camera(편의상 MC라 함)

일명 하이브릿 카메라로 불리운다. 장점과 강점이 많은 DSLR 은 사이즈가 크고 무겁다는 결점이 있어서, 이 약점을 해소하려고 만든 것이 MC이다. DSLR 카메라의 크기와 중량을 줄이기 위하여 카메라 내부의 거울을 제거시킨 것이다. 이 목적은 달성하였으나 거울이 없어 LCD 화면이나 View Finder로 實像 촬영이 안 되고 약 90% 실현된다. 렌즈 교환 기종이 풍부한 DSLR과 달리 교환 기종이 한두 개에 불과하고 추가 렌즈는 카메라 Body에 직접 Mount 가 안 되어 高價의 Adaptor를 별도구매 장착하여야 한다. 또한 주요한 촬영 기법의 하나인 Out-Focusing 기능이 MC에 있긴 하나 DSLR보다 뒤떨어진다. 최근 초소형, 경량의 DSLR이 시장에 출현하면서 점차 MC 의 입지가 좁아지고 있다고 전문가들은 예상하고 있다.

## 다. Range Finder 카메라(거리連動式 카메라)

약칭 RF 라고 한다. 렌즈를 통하지 않고 피사체를 직접 볼 수 있는 ViewFinder 구조를 가진 카메라. 렌즈를 통해 들어온 빛을 확인하지 못하기 때문에 Lens Cap이 덮힌 것을 모르고 촬영하는 경우가 종종 발생한다. 초점은 자동이 아닌 카메라에 내장된 연동식 거리계가 거리를 기계적으로 계산하여 맞추게 되며 Finder上으로 보이는 카메라 앵글과 실제는 약간의 차이가 생긴다. SLR이 발명되기 전까지 전세계에서 사용하던 기종으로 독일의 Leica 와 Contax 필름 카메라가 대표적이고 일본의 Nikon과 Canon 카메라가 있다. 이들 역시 옛것에 대한 추억을 갖고 있는 일부 전문가들이 사용하고 있다.

사진 전문가들로부터 이런 이야기를 가끔씩 듣곤 한다. 좋은 木手는 연장을 탓하지 않는다는 古言처럼 名品이 아닌 필수 기본 기능을 갖춘 평범한 수준의 低價 카메라를 갖고도 얼마든지 좋은 사진을 촬영할 수 있다고 한다. 被寫體를 읽을 줄 아는 構圖능력과 촬영 기술이 사진의 결과로 나오기 때문이라 한다. 이 두 가지는 결국 촬영자의 두뇌와 손에 달려 있다는 것이다. 이들은 부연한다. 사진촬영에 취미를 갖게 되면 세상을 보는 눈이 달라질 수도 있다고 한다. 카메라의 속성 상 높은 위치의 구도(High Angle Composition), 눈높이 구도(Eye-level Composition) 그리고 낮은 위치의 구도(Low Angle Composition) 에 따라 똑같은 피사체의 표현이 크게 달라질 수 있는데 이런 현상이 우리 인생에도 많이 작용한다고 한다.

**이 대 황**

16회

토탈 해운 주식회사 대표이사

저서 『낙산의 둥지 떠나 반 백년』 (공저) 『6.25와 나』 (공저)

totalmarine@naver.com

# 톨스토이는 이토 히로부미를 준엄히 질타하였다

- 나는 러시아 톨스토이협회 명예회원이 되었다

정 태 익

## 러시아에서 열린 한국문학제

러시아는 대문호의 나라다. 톨스토이, 푸시킨, 도스토예프스키, 체호프, 투르게네프, 고리키, 마야코프스키, 파스테르나크, 솔제니친 등 우리에게 너무나 친숙한 세계적 문호들이 모두 러시아에서 배출되었다. 실제로 러시아문학은 19세기와 20세기에 걸쳐 세계문학의 중심에 위치했다. 특히 러시아문학은 한국근대문학 초기에 커다란 영향을 끼쳤다. 그 중심에 있던 인물이 바로 레프 니콜라예비치 톨스토이(1828~1910)였다.

필자가 주러시아 대사로 부임한 시기는 2002년 3월이었다. 당시 필자는 스스로 던졌던 다음의 두 가지 질문에 대한 해답을 찾는 일에 몰두해 있었다. 첫째, 어떻게 하면 러시아에 대한민국을 잘 알릴 수 있을까? 둘째, 어떻게 하면 러시아 국민들과 가까이 지낼 수 있을까? 많은 사람과 대화를 나누며 고심한 끝에 필자는 문화적 접근이 가장 효과적인 방법이 될 수 있을 것으로 판단하였다. 마침 2003년 6월 러시아에서 처음으로 한국문학제가 열렸다. 러시아의 고리키 세계문학연구소와 한국의 대산문화재단이 공동으로 주최한 이 행사는 반세기가 넘도록 단절되어온 한국과 러시아의 문학교류를 정상화하

▲ 톨스토이

고 본격적인 문화교류의 방향으로 이끄는 결정적 계기가 되었다.

한국문학제는 한국문학 학술대회, 러시아어로 번역된 김소월 시선집 「진달래꽃」 출판기념회 및 한국문학의 밤, 한국문학 특강, 러시아 작가들과의 교류 등으로 진행되었다. 특히 "러시아와 한국, 새로운 문학 지형을 향하여"라는 주제로 열린 한국문학 학술대회는 양국의 작가, 평론가, 학자를 비롯한 80여 명이 참석한 가운데 한국문학과 러시아문학에 대한 상호 이해의 폭을 넓히고 논의의 깊이를 더하는 장이 되었다. 필자는 한국 정부를 대표해 행사에 참석해 축사를 하는 것에 머무르지 않고 한·러 작가들의 만남을 적극 주선했다. 양국의 작가들과 함께 도스토예프스키 박물관 등을 방문함으로써 한·러 문화계 인사들의 상호이해를 증진시키는 여건을 조성했다.

## 톨스토이 박물관 점령한 일본어 번역본 톨스토이 전집

러시아과학아카데미 세계문학연구소 아시아·아프리카문학부 수석연구원으로 재직중이던 김려춘 교수와의 운명적인 첫 만남이 이루어진 것도 바로 이 무렵이었다. 북한의 소련 유학 1세대인 김 교수는 1946년 함흥사범학교 재학 중 소련에 유학을 왔다가 귀국 후에 평양외국어대 교수가 되었다. 그러다가 1955년 모스크바대학의 대학원에 다시 입학하는 기회를 얻었다. 졸업 후에는 북한으로 다시 돌아가지 않고 망명을 신청했다. 모스크바에 체류하며 러시아 문학계에서 활동해온 그는 김소월 시집을 오랫동안 익힌 러시아어로 번역하여 출간하였다.

한국문학제 직후 필자는 한국출판협회를 통해 한국어로 번역된 러시아문학전집을 수집하였다. 그리고 이것들을 모스크바에 산재한, 러시아 문호들을 기리는 박물관에 차례로 방문하여 기증하였다. 다행히도 러시아의 언론매체들이 기증행사 내용을 크게 보도해주었다. 덕분에 필자는 모스크바 외교가에서 일약 '러시아 문학을 사랑하는 대사'로 알려지게 됐다.

그냥 지나칠 수 없는 또 하나의 사실이 있다. 러시아가 유럽에서 가장 먼저 상트피터스부르크 대학에 한국어과를 설치하고, 우리 고전을 모두 러시아어로 번역하여 출판하였다는 것이 바로 그것이다. 송강 정철의 14대손인 필자는 송강가사의 러시아 번역본을 입수하여 종친회에 보냈다. 이를 전달받은 송강문화연구원은 송강가사의 러시아판을 국내에서 출간한 데 이어 영어, 일어, 중국어로 번역했다. 송강 문학의 세계화를 도모할 수 있는 발판을 마련한 셈이 되었다. 필자는 후손으로서 송강의 문학 작품을 국제적으로 알려 송강을 세계적 문호로 만드는 작업에 일조를 하게 되어 선조 선양에 조그마한 도리를 했다는 보람을 느꼈다.

러시아 문호 중에서도 톨스토이는 동방에 대한 깊은 이해를 가지고 있었으며 이를 작품 속에 담았다. 그의 작품이 유럽에서 뿐만 아니라 동양에서 널리 읽히고 있는 것이 이를 입증하고 있다. 톨스토이가 지난 100년 동안 동양의 지식인을 지속적으로 열광시킨 것은 분명한 사실이다. 인간의 삶에 있어서 근원적 과제의 해결에 관한 그의 세계적 이념은 오늘날에도 매우 시사적이다. 톨스토이의 세계적 명성은 결과적으로 동양사상전파에 큰 기여를 했다. 그가 지닌 동양과의 관련성은 다면적이다. 아시아 나라들의 예술문화와 사회사상의 발전에도 크게 공헌하였다.

필자는 한국에서 새로 출판된 30권짜리 톨스토이 전집을 수집하여 톨스토이의 창작과 사유의 산실인 동시에 영원한 유택이 된 야스나야폴랴나에 소재하는 톨스토이 박물관을 공식 방문하여 전달을 했다. 거기서 톨스토이의 손자인 블라드밀 톨스토이를 만났다. 러시아 언론과 주모스크바 특파원단은 톨스토이 전집 전달식을 취재 보도하였다. 전 세계에서 보내온 각국의 톨스토이 전집과 연구논문이 박물관에 소장되어 있었다.

관장은 2001년 강택민 주석이 야스나야폴랴나를 방문해 정상회담에 앞서 중국이 발행한 중국어판 톨스토이전집을 전달하였다고 밝혔다.

톨스토이의 작품을 연구하는 데 있어 폭넓음과 심오함에 관해서 의심할 바 없는 일본은 각종 출판물과 논문을 박물관에 기증하여 가장 큰 부분을 차지하고 있었다. 톨스토이 작품과 사상에 대한 한국인의 애호가 어느 나라보다 뒤지지 않음에도 한국 작품의 소장 코너가 너무 빈약하였다. 필자는 무거운 마음으로 야스나야폴랴나에서 돌아왔다.

## 톨스토이 문학상 시상식에 권양숙, 홍라희 여사도 참석

역사적으로, 지리적으로 그리고 문화적으로 밀접한 관계에 있던 러시아와 한국은 현대사의 굴곡으로 오랫동안 서로의 관심권 밖으로 밀려나 있었다. '한·러 간의 오랜 공백을 뛰어넘어 본격적인 문학교류의 새 장을 열수 있는 방법이 없을까?' 이렇게 고심하던 차에 안식년을 모스크바에서 보내고 있던 한국외국어대학의 김현택 러시아문학 교수와 고려인으로서 러시아문학계에서 활약하고 있는 소설가 아나톨리 킴을 불러 한·러 간 문학 지형을 새롭게 형성하는 방법에 대해서 숙의하였다.

"침체기에 빠져있는 러시아문학을 부활시키기 위해서 한국이 문학상을 제정하는 데 앞장서는 것이 좋겠습니다."

이것이 세 사람이 깊은 논의 끝에 내린 결론이었다. 필자는 톨스토이 박물관장을 관저에 초치하여 '톨스토이 문학상' 제정 구상을 알리면서 그의 견해를 묻고 실행 방법에 대해 상의하였다. 관장은 크게 기뻐하며 우리 제안을 적극 환영하였다. 그의 발언 요지는 다음과 같았다.

"러시아는 소련시대 말기까지도 파스테르나크와 솔제니친 같은 반체제 작가를 배출하며 러시아문학 정신의 맥을 이어왔습니다. 그러나 소련 해체 이후 문학에 대한 관심과 지원이 줄어들면서 최근에는 세계적으로 내세울 만한 작가가 나오지 않고 있습니다. 참으로 개탄스러운 일이 아닐 수 없습니다. 그런 상황에서 한국이 문학상을 제정하여 침체된 러시아 문학계를 분발시켜 준다면 이는 매우 고마운 일입니다. 톨스토이 문학상은 러시아문학 발전에 큰 도움을 주게 될 것입니다."

필자는 톨스토이 문학상 제정에 관한 협의 사항을 러시아 주재 삼성전자 책임자인 장창덕 부사장에게 알리고 지원 가능 여부를 문의하였다. 삼성 측은 이 제안을 흔쾌히 받아들이는 것에 머무르지 않고 감사 의사까지 표하였다.

"삼성전자, 나아가 삼성에 대한 러시아인의 호의적 감정을 각인하고 고양시킬 수 있는 최선의 홍보전략이 될 것으로 확신합니다."

이런 과정을 거쳐서 한국문학제가 열린 지 3개월 만인 2003년 9월 삼성전자가 후원하는 제1회 톨스토이 문학상 수여식이 야스나야폴랴나에서 거행되었다. 제1회 톨스토이 문학상 수여식은 많은 러시아 문학계 인사들이 참석한 가운데 성대하게 치러졌는데, 필자는 문학상 수여자가 되는 명예를 가졌다. 러시아 언론이 이를 대서특필하였다.

톨스토이 문학상 수여는 제2차에 이르러 더욱 뜻 깊은 행사로 발전하게 되었다. 2004년 9월 노무현 대통령이 탄핵의 굴레에서 벗어난 이후 첫 해외 방문지로 러시아를 택하였다. 권양숙 여사가 한·러 정상회담의 일환인 영부인 행사로 열린 제2회 톨스토이 문학상의 수여자가 되었다. 수여식은 모스크바의 명소인 푸시킨 박물관에서 러시아 문화장관과 홍라희 리움 관장 등 한 · 러 문화계 인사 100여 명이 참석한 가운데 격식을 갖추어 집행되었다.

과거 일제의 식민지배, 전쟁과 분단이라는 역사적 상처를 극복하고 세계의 중심 무대로 나아가고 있는 한국이 톨스토이 문학상을 제정하여 러시아 문학 발전에 의미있는 기여를 하게 되었다는 것은 한국인의 자존심과 자부심을 고무시키는 획기적인 일이었다. 한국인의 톨스토이에 대한 존경심과 애호심을 입증하는 톨스토이 문학상의 제정과 시행은 필자가 야스나야폴랴나에서 느꼈던 어두운 마음을 말끔히 씻어주고도 남았다.

## 러시아 언론마저 '일본의 비스마르크'로 평가한 이토

이렇게 톨스토이와 각별한 인연을 맺은 필자에게 한 손님이 찾아왔다. 주인공은 손상목 인디북 사장이었다.

"톨스토이의 유품을 서울에서 전시하는 계획을 추진하고 있는데 대사님이 도와주시면 고맙겠습니다."

"제가 무엇을 도와드리면 될까요?"

"전시회를 개최하려면 비용, 조건, 기간 등에 대한 합의가 필요합니다. 전시회 개최 조건 중 양자 간에 이견이 있는 부분에 대하여 대사님이 레미조프 톨스토이 박물관장을 직접 만나 설득해 주시면 됩니다."

"그런 일이라면 당연히 최선을 다해서 도와드려야죠."

마침 레미조프 관장이 2004년 10월에 개최되는 세계박물관장회의에 참석하기 위해 100명이 넘는 러시아측 대표단을 이끌고 서울을 방문하게 되었다. 서울 방문 이후 톨스토이 유품전시회의 서울 개최 문제에 관한 레미조프 관장의 태도가 협조적으로 변했다. 덕분에 모든 현안 문제가 원만하게 타결되었다.

옛 서울고교 터에 건립된 서울시립역사박물관에서 톨스토이 특별전이 2004년 12월 10일부터 2005년 6월 27일까지 국내 최초로 열렸다. "살아있는 톨스토이를 만나다"가 전시회의 테마였다. 이 전시회는 톨스토이 한국 애호가들에게 톨스토이 생애의 체취를 생생하게 느낄 수 있는 소중한 기회를 제공하였다. 톨스토이가 생전에 직접 작성했던 원고와 서한, 소장 그림, 조각 등 귀중한 유품은 시간과 공간을 뛰어넘어 울림을 주는 인류의 문화재였다.

이 전시회를 계기로 톨스토이에 관한 학술대회가 서울에서 열렸다. 러시아과학아카데미 세계문학연구소 아시아·아프리아문학부 수석연구원인 김려춘 교수가 "톨스토이와 동양"이라는 주제로 논문을 발표하였다.

김려춘 교수는 이 자리에서 톨스토이가 이토 히로부미(1841~1909)에 대하여 "타락한 무도의 인간"이라고 언급한 사실과 톨스토이가 한국인을 만났다는 사실을 처음 공개적으로 밝혔다. 톨스토이의 이토에 대한 평가와 톨스토이가 한국인을 만났다는 사실의 발굴과 공포는 우리에게는 참으로 흥분되는 희소식이었다.

필자는 김려춘 교수의 발표 내용을 동북아역사재단 이사장인 김학준 박사에게 알렸다. 김 박사는 구한말 외국인이 조선에 대해 언급한 내용이나 평가를 모아 발간한 「서양인들이 관찰한 후기 조선」 이라는 책에 이 내용을 실었다.

톨스토이가 살던 시대는 서구 열강이 동양을 침략하는 서세동점(西勢東漸)의 시대였으며, 근대화에서 한창 앞선 일본이 오랜 역사와 전통을 지켜온 한국을 침탈하던 시대이기도 했다. 위대한 사상가이기도 했던 톨스토이는 '문명의 보급'이라는 미명하에 행해진 일본의 한국 강탈행위는 도덕적 정당성이 없다고 단언했던 것이다.

한국 침략의 원흉이며 동양 평화의 교란자인 이토 히로부미에 대하여 당시 서구 열강은 '일류 정치가'라 칭하며 그의 정치, 외교 수단이 탁월하다고 찬양하고 있었다. 심지어 러시아의 잡지 「역사통보」는 그를 '일본의 비스마르크'라고 평가했다. 이러한 이토 히로부미에 대하여 톨스토이는 당대와 완전히 다른 시각에서 비판을 가했던 것이다.

## 한국의 지배자 이토는 타락한 무도의 인간이오

김려춘 박사는 톨스토이 일가의 가정의였으며 문호의 곁에서 살며 그의 언행을 매일 기록한 슬로바키아 출신인 D. 마코 비츠키의 4권짜리 「야스나야폴랴나 일기」 를 모두 뒤져 다음과 같은 기록을 찾아

냈다.

1906년 7월 24일 저녁 무렵이었다. 차를 마시는 시간에 레프 니콜라예비치(톨스토이의 이름)는 「무사도」 라는 책을 들고 오셨다.

“이것은 일본인들의 도덕 법전이자, 중세 유럽 기사들의 목가와 비슷하지.”

톨스토이가 말하기 시작했다.

“그들에게는 형이상학적이고 추상적인 사고가 없소. 있는 것은 다만 응용과학의 재능이오. 그들의 천황은 깊이는 없으면서 심각한 얼굴을 하고 있지. 한국의 지배자 이토는 타락한 무도의 인간이오.” (마코 비츠키의 「야스나야폴랴나 일기」 제2권 185쪽)

일본의 조선 침략에 대한 톨스토이의 발언은 계속되었다.

“핀란드, 인도, 폴란드, 한국을 러시아, 영국, 프러시아, 일본이라는 이름을 가진 나라들에 병합시키기 위해 사납게 날뛰는 정치가들은 터무니없는 짓을 하는 미치광이다.” ( 「톨스토이 전집」 제37권 201쪽)

러·일전쟁에서 주동적 역할을 했고, 1906년 2월부터 초대 조선통감으로 한국을 통치했던 이토 히로부미를 톨스토이는 ‘미치광이’이자 ‘타락한 무도의 인간’이라고 평가한 것이다.

1909년 안중근 의사는 문화 보급의 미명 아래 한국을 빼앗고 식민지 착취를 행한 침략자인 이토 히로부미를 하얼빈 역두에서 처단하였다. 한국의 혼이 죽지 않았다는 것을 세계에 고하기 위해서 안 의사는 자신의 목숨을 바쳤다. 이토는 한국의 혼을 이해하지 못한 채 또한 톨스토이가 자신에 대해 내린 준엄한 평가를 듣지 못한 채 생애를 마감했다.

톨스토이는 중국학자 구훈민이 보내온 「도덕적 입장에서 본 러·일 전쟁 발생의 원인」 이라는 저서의 여백에 "한국인은 동양적 의미에서 볼 때 대단히 문명한 국민"이라고 쓰기도 했다. 톨스토이는 동양 문화의 항구적 가치를 인식하고 서양 중심적 입장을 거부했다. 따라서 '서양화'에서 '우등생'이었던 일본에 대해서 부정적이었다. "동양에는 고유한 문화가 있으니 서양을 모방할 필요가 없다"는 것이다. "일본은 '탈아'가 아니라 '동양으로 돌아가라'고 그는 말하고 있는 것이다. '동양적' 한국은 그의 정신세계에 가까웠고 한국문화를 많이 알고 싶어했다."(김려춘의 「톨스토이와 동양」 185쪽)

톨스토이는 '동양적 의미에서 볼 때 대단히 문명화된 한국'에 대해 관심을 돌리고 있었다. 나아가 그는 동양은 서양을 모방할 것이 아니라 자기의 고유한 문화를 지켜야 한다고 거듭 강조하고 있었음을 알 수 있다.

한신대 윤평중 정치철학 교수는 "안중근과 이토 히로부미, 21세기에 다시 보다"라는 제목의 최근 조선일보 칼럼을 통해 두 인물에 대해 오늘의 시각에서 평가하였다.

21세기의 국가 이성은 '시민이 국가에 우선하며 국권은 민권을 위해 있다'는 원칙에서 출발하고 있다. 이토는 메이지 헌법을 정초했고, 부국강병의 국체론(國體論)으로 국제 정세에 대응한 일본 국가 이성의 화신이었지만 이토의 '일본적 위대함'은 이웃인 한국과 중국의 공감을 전혀 얻지 못하였다. 이에 반해 청년 안중근은 시대의 제약을 뛰어넘어 21세기 국가이성의 선지자적 비전을 보여주었다. 안중근은 한·중·일 3국의 상호 인정과 호혜 평등으로 번영하는 동아시아를 꿈꾸었다. 동양평화론을 펼친 안중근은 일본이 아시아 전체를 종속시키는 대동아공영권을 추구한 이토와는 선명하게 대조됨을 윤 교수는 지적하였다.

안중근의 심오한 사상은 문화적 이념과 문화적 경지를 나타내고 있다. 동방문화권에서 '화합' 사상은 사회안정을 유지하는 사상적규범과 행동준칙이다. 안중근은 당시 동양의 불안정한 정세에 대하여 중·일·한 3국을 포함한 아시아 각국이 '화합' 사상을 지침으로 "아시아 각국의 단합을 실천하여" 러시아를 대표로 하는 서양 식민세력의 침입에 대응하여 최종적으로 동양평화를 실현할 것을 호소하였다.

이토는 아시아 각국의 화합을 깨트린 원흉인 것이다. 톨스토이가 이토를 비롯한 제국주의 식민 침탈자들을 준엄하게 질타한 배경은 그가 동양의 화합정신을 이해하고 공감하고 있었기 때문이다. 만약에 안중근이 톨스토이를 만날 수 있었다면 사상적으로 의기가 투합했을 것이다.

## 톨스토이 82세 타계 6개월 전에 만난 한국인 있다

김려춘 박사는 1910년 5월 30일자 마코 비츠키의 「야스나야폴랴나 일기」에서 또 다른 기록을 찾아냈다.

"레프 니콜라예비치는 말을 타고 투르베츠코이 댁을 향하여 떠났다. 아침에 한국인이 톨스토이를 방문했다."

우리로서는 참으로 아쉽게도 이것이 기록의 전부였다. 톨스토이를 방문한 한국인의 이름은 물론이고 성도 밝히지 않았다. 톨스토이는 1910년 11월에 82세의 나이로 타계했다. 그가 세상을 떠나기 6개월

전에 만난 한국인은 과연 누구일까?

말년의 톨스토이가 사는 야스나야폴랴나는 세계 지식인들이 동경하는 성지였다. 삶에 대해 고민하는 많은 지식인들이 문호와 편지로 왕래를 하거나 야스나야폴랴나로 직접 찾아왔다. 톨스토이 박물관에는 세계 곳곳에서 보내온 편지가 약 5만 통이나 보관되어 있다.

김려춘 박사는 한국에서 보내온 편지가 있는지 여부를 조사해 달라고 톨스토이 박물관에 의뢰했다. 회답은 부정적이었다. 그러나 톨스토이를 방문한 한국인의 이름을 밝혀내지는 못했지만 적어도 톨스토이가 한국인을 만났다는 사실은 확인된 셈이다.

지금까지 톨스토이 생존 시 교류한 세계 각국의 지식인들 가운데 이름이 알려진 한국인은 없었다. 주변 강대국으로부터 침략 위기에 처해 생존을 위협받고 있었기 때문에 한국인이 톨스토이와 여유를 가지고 교류할 수 없었을 것으로 추정된다. 그러나 톨스토이와 직접 만난 한국인이 있었다는 사실은 우리에게 참으로 반갑고 고무적인 소식이 아닐 수 없다.

한국에서 톨스토이의 문학을 본격적으로 수용하기 시작한 것은 최남선이 종합잡지 「소년」을 편집, 발간한 1908년부터였다. 최남선은 와세다 유학 시절 톨스토이로부터 인격의 감화를 받았다.

톨스토이는 중국의 노자를 알게 된 이후 그 철학적 깊이에 감탄하여 항상 「도덕경」을 곁에 두고 있었다고 한다. 톨스토이에 대한 최남선의 태도도 바로 그러했다고 한다. 1909년 최남선은 「소년」 제2권과 제6권에 "현시대 대도사 톨스토이 선생의 교시"라는 글을 발표하였다.

서울대학교 최종고 교수는 "코스모폴리탄으로서의 춘원"이라는 그의 논문에서 톨스토이와 춘원의 관계에 대해 아래와 같이 서술하고 있다.

“춘원에게 러시아는 톨스토이의 나라였다. 춘원은 일본에서 기독교 교육을 통해 톨스토이를 숭앙하게 되었다. 그가 오산학교에 교사로 부임하던 해에 톨스토이가 서거하여 비통한 심정으로 추모회를 개최하였다. 춘원은 자신뿐만 아니라 우리 민족 전체가 톨스토이 정신을 따라 나가야 한다는 신념을 토로하고 있다.”

‘숨어 사는 백성의 나라’로 알려진 한국이 스스로 세계를 인식하는 과정에서 러시아문학 특히 톨스토이와의 만남은 엄청난 울림과 감격으로 한국의 지식인에게 영향을 주었던 것이다.

## 러시아 톨스토이협회 명예회원증을 받고 귀국하다

필자는 2004년 12월 말 본국 귀임 발령을 받았다. 그 소식을 들은 톨스토이 박물관의 레미조프 관장은 필자를 박물관으로 초청했다. 그리고 필자에게 ‘러시아 톨스토이협회 명예회원증’을 수여하였다. 수상 이유는 필자가 톨스토이 문학상 제정과 톨스토이 유품 한국 전시회의 성공적 개최에 기여하였다는 것이다.

명예회원 증서는 3년 가까운 러시아 주재 임무를 마치고 돌아가는 필자에게 가장 귀중한 귀국 선물의 하나가 되었다. 필자는 러시아 정부로부터 받은 다른 훈장도 가지고 있지만 러시아 톨스토이협회의 명예회원증을 무엇보다 영예스러운 것으로 여기고 소중히 간직하고 있다.

그와 같은 필자의 생각의 배경은 작가이며 사상가인 톨스토이가 인류에게 남긴 유산이 그만큼 위대하기 때문일 것이다. 또한 중·고등학교 시절 가장 존경하였던 톨스토이에게 다가갈 수 있고 자랑할 수 있는 물증을 가지게 되었기 때문일 것이다.

21세기에 진입한 인류는 아직도 지향할 사상적 체계를 확립하지 못하고 문명 충돌적 사건에 휘말려 있다. 미래의 문명은 사회적 공동생활의 새로운 형식들에 대한 발판을 요구하고 있다. 톨스토이 사상은 그 요구에 응답할 수 있을 것이다. 톨스토이에 대한 논의가 끊임없이 일고 항상 우리의 관심을 끌고 있는 것도 이런 이유에서일 것이다.

**정 태 익**

19회

한국외교협회 회장, 前 주러시아 한국대사

tichung@naver.com

# 母情의 세월

김 경 한

어머니.

어린 시절은 물론이고 지금도 어머니라는 이름을 떠올리면 가슴이 젖어온다.

이제는 다 이 세상에 계시지 않지만 나에게는 두 분의 어머니가 계셨다. 한 분은 나를 낳아준 생모(生母)이고, 다른 한 분은 10살 때부터 함께 살아온 양모(養母)이다. 말하자면 어머니와 관련된 나의 인생행로는 보통 사람들에 비하여 상당히 기구하다 할 수 있다. 사연은 이러하다.

우리 집안은 500여년에 걸쳐 경북 안동에 세거(世居)하여 왔다. 도산서원에서 가까운 낙동강변의 광산 김씨 집성촌이다. 조부님께서는 슬하에 4형제를 두셨는데 나의 아버지께서 그 중 장남이셨다. 그런데 차남인 나의 숙부님께서 숙모님과 결혼한 지 1년여 만인 1934년 단신으로 일본 동경에서 유학하다가 돌연히 병을 얻어 별세하셨다. 내가 태어나기 10여년 전 일로서, 그 때 숙모님은 꽃다운 23세의 나이였다. 온 집안이 그러했지만 특히 숙모님에게는 청천벽력이 아닐 수 없었다.

그로부터 우리 숙모님의 고달픈 인생살이가 시작되었다. 당시의 법도로서는 재혼이란 생각조차 할 수 없는 일이었다. 시집과 친정을 오가며 서러운 나날을 보내는 가운데 한 가닥 희망이 있다면 그것은 앞으로 태어날 조카들 가운데서 양자를 얻는 일이었다. 당시 아버지 형제분들 슬하에 아들이라고는 나의 형님 한 분 뿐이었고, 형님은 맏집의 장자라 당연히 처음부터 대상에서 제외되었다. 문중 어른들이 심각하게 논의한 끝에 장차 맏집에서 아들이 나면 숙모님께 주기로 방침이 정해졌다. 나의 부모님께서도 이 방침에 대해 언감생심 다른 의사를 표시할 수가 없었다.

그때부터 숙모님의 기약 없는 기다림이 시작되었다. 어머니가 아이를 가져 산월이 가까우면 숙모님은 집으로 오셔서 힘든 해산 바라지를 전담하면서 아들이 나오기를 학수고대 하셨다. 그러나 이일을 어찌하랴! 어머니는 그 후 내리 딸만 다섯을 낳으셨다. 그때마다 숙모님의 실망감은 이루 말할 수 없었고 어머니는 무슨 죄인인양 숨을 죽이셨다.

그렇게 기다린지 10년이 자나서야 마침내 내가 태어났다. 고추달린 아기를 받아내면서 숙모님의 기쁨이 어떠했으리라 하는 것은 짐작하고도 남음이 있다. 숙모님은 사흘동안 아무것도 먹지 않았지만 전혀 배고픈 줄도 몰랐다고 후일 나에게 술회하셨다.

그렇게 나의 입양은 태어나기 전부터 운명지워져 있었고, 다만 너무 어려서 좀 자라기만 기다리고 있었다. 내가 세살 되던 해 아버지의 직장 관계로 우리 가족은 안동에서 경주로 옮겨 살았다. 어린 시절부터 집안 식구들은 수시로 "네가 살 집은 여기가 아니고 안동에 있는 작은 어머니 집이다"라고 말하고, 숙모님이 경주 집에 오시면 "너희 엄마 오셨다"고 말했다. 그처럼 어린 시절부터 나에게 마음의 준비를 시킨 것이었다.

그러한 과정을 거치면서 유년시절부터 나는 장차 내 삶에 막연하게나마 중대한 변화가 올 것이라는 예감을 가졌고, 또 그것은 도저히 거역할 수 없는 일종의 운명의식 같은 것으로 각인되었다.

당시 우리집 분위기는 화목하였고 경제사정도 그런대로 유복하였다. 유치원이 귀하던 그 시절에 어머니는 나를 성당에서 운영하는 유치원에 넣어 2년간이나 다니게 하셨다. 어머니는 다소 병약하기는 하였지만 어린 내가 보기에도 얼굴이 예쁘게 생긴데다가 마음씨도 명주고름처럼 고왔다. 막내인 나를 끔찍이 귀여워하여 항시 팔베개하여 함께 잤고, 남존여비 사상이 강하여 많은 누나들과는 모든 면에서 완전히 차별대우를 하셨다. 내가 초등학교에 입학하고부터 공부를 잘하여 여러 차례 상을 받자 어머니는 이를 매우 자랑스럽게 생각하셨다.

그렇게 지내던 중 내가 초등학교 3학년 1학기를 마칠 무렵 어느 날 숙모님께서 홀연히 경주 집에 오셨다. 마침내 나를 데리러 오신 것이었다. 막연히 예상은 하고 있었지만 막상 그 일이 현실로 다가오자 부모님의 충격은 너무나 컸다. 아버지는 말씀이 없어졌고 어머니는 구석구석에서 눈물을 흘리셨다. 그러한 모습을 보고 나의 마음도 순간적으로 상당히 쓸쓸하고 참담해졌다. 정든 가족들을 떠나 낯선 집에 가서 살아야 한다는 것이 두렵기도 하였다.

그러나 한편으로 이러한 장면에서 내가 너무 동요되는 모습을 보여서는 안 된다는 생각이 들었다. 나는 이미 그렇게 되도록 운명지어져 있고 이에 조금이라도 불복하는 것은 어른들에게 실망을 줄 뿐이라는 생각이 들었다. 오랜 「세뇌공작」 의 결과이겠지만 어린 나이에 어떻게 그런 마음을 먹었는지 지금 스스로도 신기한 생각이 든다.

어머니는 며칠간 나의 책과 옷가지 등을 챙겨 짐을 싸주셨다. 초등학교에 전학수속도 마치고, 떠나기 전 날 사진관에 가서 마지막 가족사진을 찍었다. 다음날 경주역에서 숙모님과 함께 안동행 기차를 탔다. 역에 전송나온 어머니와 누나들은 모두 울었다. 그러나 나는 눈물을 보이지 않으려 애썼다.

그렇게 하여 나는 열 살의 나이에 친부모님을 떠나 안동의 양어머니께로 옮겨 살았다. 식구라고는 그 어머니 한 분 뿐이고, 새로 전학간 초등학교도 낯설었다. 집은 어머니의 친정에서 무료로 빌려준 방 두 칸짜리 작은 한옥인데 건너방에는 다른 사람들이 살고 우리는 안방 하나만을 사용하였다. 양식을 해결하고 조금 남을 정도의 한 뙈기 농지 외에는 별다른 재산이 없어 생가에 살 때 보다는 훨씬 가난한 생활이 시작되었다.

양어머니는 친어머니와는 반대로 골격이 크고 기운도 세며 강인한 성격의 소유자였다. 그래서 고생도 잘 견뎌내고 생활력도 매우 강한 편이었다. 아무런 고정수입이 없었으므로 주로 친인척들을 상대로 당시 성행하던 계(契) 같은 것을 하여 어렵사리 생활비와 나의 학비를 조달하였다.

처음부터 양어머니는 모든 생의 의미를 오로지 나에게만 두고 사시는 것 같았다. 나의 일거수일투족에 초인적인 관심을 가지고 신경을 곤두세우면서 맹목에 가까우리만큼 지극한 사랑을 베푸셨다. 특히 졸지에 생가를 떠나 행여 내가 많이 상심하거나 방황하지나 않을까 마음 졸여했고, 하루 빨리 내가 생가를 잊고 양가를 온전히 나의 집으로 받아들이기를 바라는 눈치였다. 어머니는 가급적이면 생가쪽으로부터의 경제적 원조를 받지 않고 혼자 힘으로 가계를 꾸려나가려고 애썼는데 이 역시 그러한 이유에서였던 것 같다. 때로는 어머니의 지나친 관심과 맹목적인 사랑이 부담스럽고 성가시게 느껴질 때도 없지 않았으나 나는 될 수 있으면 그런 느낌을 내색하지 않으려 애썼다. 왠지 그것은 어머니에게 몹쓸짓처럼 생각되었기 때문이었다.

하지만 방학이 되면 어머니는 예외 없이 나를 경주의 생가로 보냈다. 2시간 정도 걸리는 완행열차로 경주역에 도착하면 부모님과 누나들이 열광적으로 환영해 주셨다. 그때에 들으니 생가의 어머니께서는 나를 보낸 후 아픈 마음을 건잡지 못하고 밤낮없이 눈물로 보냈다고 했다. 그 말을 듣고 나도 가슴이 저려왔다. 천륜이란 참으로 어쩔 수 없는 것 인가보다. 많은 식구들과 어울려 지내는 방학 동안의 생활은 아무래도 둘이서만 적막하게 지내는 안동에서보다 즐겁고 행복했다. 그래서 개학이 되어 안동으로 돌아가면 한동안 마음이 썰렁하게 느껴졌다. 그러나 어느 집에 있던간에 나는 자칫 미묘한 분위기를 조성할 수 있는 감정표현을 자제하고 나름대로 균형감각 같은 것을 잃지 않으려고 애썼다.

초등학교를 졸업하면서 나 스스로의 결정으로 경북중학교에 들어갔고 이에 따라 양어머니와 나는 대구로 이사했다. 그리고 중·고등학교를 마치고는 역시 나 스스로의 결정으로 법과대학에 입학하면서 서울로 이사했다. 말하자면 내가 가자는 곳이면 어머니는 한 번도 반대하지 않고 그곳이 어디든 따라 나섰다. 어린 나이 때부터 나는 한 집의 호주요 가장이었던 것이다.

대학 2학년 때 생가의 어머니께서 병을 얻으셨다. 원래 연약한 체질로 자주 자리에 누우셨는데 그것이 심한 간경화로 이어진 것이었다. 그 때만 해도 의술이 지금 같지 않아 백약이 무효로 여러 달 고생하신 끝에 60세를 일기로 세상을 떠나셨다. 생전에 만 며느리로 7남매를 낳아 기르시느라 몸 고생도 많았고 얌전한 성품에 드러내지 않은 마음 고생도 많았을 터였다. 그 중에 나를 떠나보낸 것도 작지 않은 마음의 상처를 남겼음은 짐작하기 어렵지 않았다. 생전에 내가 좀 더 살뜰하게 대해 드리지 못한 것을 후회하면서 임종의 자리에서 나는 처음으로 서럽게 울었다.

나의 대학생활은 비교적 순탄했다. 여전히 가난했지만 양어머니께서는 나의 학비를 제때에 조달해 주셨고, 공부에 지장이 된다고 그 흔한 아르바이트도 못하게 말리셨다. 졸업 후 몇 차례 사법시험에 낙방하여 산사(山寺)를 전전할 때에도 매달 정해진 날짜에 어김없이 생활비를 보내주었고, 그러고 나면 여유가 전혀 없어 정작 당신은 겨우 끼니만 때우는 힘든 생활을 하셨다. 감사하기도 하였지만 한편으론 내가 느끼는 부담감도 엄청나게 컸었다.

다행스럽게도 26세에 가까스로 사법시험에 합격하였을 때 어머니의 감격은 이루 말할 수 없었다. 평생토록 호된 고생을 하면서 애지중지 나를 길러 마침내 소원을 이룬 셈이다. 그 해 가을 아내와 결혼하여 새 가정을 꾸몄다. 이어서 검사로 임관되어 그런대로 생활이 안정됨에 따라 그때부터 어머니는 부양을 하는 입장에서 부양을 받는 입장으로 삶의 대전환이 이루어 졌다. 어느덧 환갑의 연세였다.

결혼 후 우리부부는 당연히 어머니를 한집에 모시고 살았고, 오랜 기다림 끝에 태어난 손주는 완전히 할머니의 차지가 되었다. 아이는 아무런 정서적 거리감 없이 본능적으로 할머니를 따랐다. 내가 어른이 된 후로도 아버지가 계시는 생가를 아내와 함께 기회 있을 때마다 찾아뵙기는 하였지만 직장생활에 쫓기는데다가 어머니가 계시지 않으니 아무래도 그 횟수가 줄어들 수밖에 없었다.

고생 끝에 맞이한 어머니의 안정되고 평온한 생활은 약 25년 가까이 계속 되었다. 그러던 중 내가 검찰 중견간부로 있던 1994년 돌연히 위에 종양이 발견되어 입원가료 중 몇 달 후 84세의 일기로 홀연히 세상을 떠나셨다. 청상이 되신지 어언 60여년, 남달리 기구했던 일생을 마치신 것이다. 10살 때부터 40년이 넘게 고락을 함께하며 살아온 세월을 회상하며 나도 아내도 아이도 서럽게 울었다.

3년 후 친가의 아버지께서도 93세로 천수를 누리고 별세하셨다. 이로써 생·양가의 부모님이 모두 세상을 떠나신 것이다.

그로부터 다시 적지 않은 세월이 흘렀다. 그 사이 나는 긴 공직생활을 물러나 몇 년째 자유인으로 살아가고 있다. 어느덧 고희를 넘겼다. 그러나 이 나이에도 두 분 어머니를 회상하면 그 질긴 모정의 세월이 한없이 그리워진다. 여러 가지 면에서 많이 다르셨고 그래서 나에게 남겨진 추억도 각기 색다르지만, 그럼에도 불구하고 두 분이 아낌없이 쏟아주셨던 그 지극한 사랑은 똑같은 온도로 내 핏속에 남아 흐르고 있다.

**김 경 한**

20회, 변호사
한국범죄방지재단이사장
전 법무부장관
kyhkim44@naver.com

# 지란지향(芝蘭之香)

**김 영 수**

집 근처 산 입구에 다다르면 향기가 느껴진다. 무슨 향인지 그윽하면서도 무엇이라 딱 잡아 얘기할 수 없는 그 향은 내가 캐나다 퀘백주를 여행할 때 North Hotley마을의 Masawippi라는 호숫가 숲에서 느꼈던 향이다. 마치 태초의 신비마저 느껴지게 하는 그 향은 바로 여러 풀과 꽃향들이 어우러지며 내는 향이었다. 연못가에 흐드러지게 핀 붓꽃과 야생의 늑대라 불리는 보랏빛 꽃들의 무리가 만개해있던 그 숲, 반딧불이 들이 강물을 이루며 흐르던 그 숲에서 나는 '에덴동산의 향이 바로 이것이었구나.'라고 생각 했었다. 그 향은 생명력이 가득한 향, 아니 생명 그 자체였다.

참 이상한 일이다. 이 합쳐야만 나는 이 향보다 더 그윽한 향은 없다. 공자님이 말씀하신 지란지교(芝蘭之交)의 의미가 바로 이것이었다는 말인가? 서로 다른 개성을 갖고 있는 사람들이 합쳐야만 향기로운 결과물이 나올 수 있다는 것, 그 것이 바로 세상 사는 이치였나?

지란지교의 지(芝)는 원래 신령한 버섯이다. 만년설이 덮인 눈 속에서 피어난다는 향기로운 버섯, 영물이 내는 맑고 그윽한 향기는 죽어가는 사람도 살린다는 영물이다. 송이버섯의 향만 해도 우리를 선경(仙境)에 들게 하기 충분한데 천 년에 한 번 피어난다는 설산의 영지 향은 그야말로 생명의 향기이리라. 이러한 서기 어린 향에 더하여 난초들의 부드러우면서도 오래도록 남는 향이 합쳐져 내는 지란의 향은 틀림없는 신선 세계의 향이겠지만 나는 들판에 미만한 풀들의 내음과 야생화들이 어우러지며 내는 생명감 넘치는 향을 지란지향(芝蘭之香)이라 부르고 싶다. 영물들이 내는 향처럼 지순하지는 못하겠지만 그저 어느 숲이나 있는 야생의 존재들이 서로 섞이며 이루어 내는 이 향만으로도 맑고 맑은 태초의 모습이 연상된다.

사람들도 마찬가지인가? 개별적으로 보면 악취도 풍기는 사람이 있겠지만 여러 다른 사람들이 섞이면 향기가 나나? 문집을 만들기 위해 여러 사람들과 같이 일 하다 보면 지란지향이 만드는 향기가 느껴진다. 혼자서는 도저히 이룰 수 없는 그런 경지에 도달하게 되는 것이다. 그 것은 여럿이 같이 하였기에 도달할 수 있는 그런 지경(至境)이다.

Fides작업을 하며 나는 그것을 느낀다.

김 영 수

23회

여행작가, 수필가

저서 『해안선에 남겨진 이름들』 외

yuyu@yuyutour.com

# '나이 듦'에 대하여

배 영 길

사람이나 생물이 세상에 태어나서 지낸 햇수를 가리켜 나이라 한다. 이 나이의 의미를 모르는 사람이 몇이나 있을까마는 막상 그 '나이'라는 말이 각자에게 와 닿는 느낌이나 이미지에는 상당한 차이가 있다. '나이 값을 못 한다', '나이가 아깝다'는 표현에서는 그 나이가 주는 인생의 중후함이나 무게가 느껴지는 반면, '나이를 잊고 살자', '나이는 숫자에 불과한 것이다'고하는 말에서는, 노처녀나 노총각의 나이만큼이나 당사자에게 주는 부담이 상대적으로 더 크고 무겁게 느껴져, 자칫 측은하다는(?) 생각마저 들게 한다.

나아가, 그 나이가 주는 부담은 이제 한 개인의 범위를 넘어 사회나 국가적 차원에 까지 미치고 있으며, 심지어 '나이야 가라'라고 하는 선배사까지 등장한 세상이 되고 말았다.

기원전 6세기경 희랍의 한 서정시인은 세월의 흐름에 따라 변하는 인생의 무상함을 다음과 같이 노래했다고 한다.

"보게나, 세월이 내 관자놀이 위로
흰 서리를 뿌리더니, 어느새 내 머리를 흰 눈밭으로 만들었네.
이가 빠진 잇몸은 넓어지고
젊음도 기쁨도 다 지나가버렸네".

시인은 마치 젊음과 기쁨이 모두 지나가고, 오직 남은 것은 늙음과 슬픔뿐인 듯 노래하고 있다. 그러나 나는 이 시가 그 시대를 살았던 한 늙은 시인의 일시적 감상일 뿐, 결코 이 세상 노인이 보편적으로 공감할 수 있는 정서는 아니란 점을 지적하고 싶다.

2011년 8월, 나는 부경대학교 법학과 교수직에서 정년퇴임을 하였다. 또 2015년은 내가 법과대학 법학과에 입학한 지 50년이 되는 해이다. 요즈음 나에게 있어 법률학의 의미가 무엇인지를 다시 생각할 기회가 많아졌다. 법학은 내가 경험한 많은 학문 가운데에서도 실로 복잡한(?) 학문에 속한다. "모든 이론은 회색이다"라는 칸트의 말은 나 역시, 법학에 있어 실로 잘 들어맞는 표현이라 생각한다.

법학이라는 학문에는 "**유스티니아누스**가 명예를 준다(Dat Justinianus Honores)"는 세속적 이유를 제외하고, 특별히 청년의 관심을 끌만한 낭만을 찾기 어렵다. 진·선·미의 절대 가치도, 무한한 우주공간에 펼쳐진 별들의 세계로 향한 외경심도 없다. 이 잿빛 학문 속에는 인간의 내면에 존재하는 서로 모순된 욕구의 대립, 이익과 이익의 충돌, 순수하지 못한 정치적 타협 이 혼재하고 있다. 어느 시대, 어떤 국가에 있어서나 청년은 그 사회의 전통이나 관습 등에 대해 반감을 가지는 것이 보통이다. 따라서 이들이 이처럼 차원 낮은 세계에 대하여 특별한 관심을 가지지 못하는 것은 어쩌면 당연한 일이고 또 거기에 청년의 아름다움이 있다고 생각한다.

나는 지금까지, 내가 만나본 주위의 법학자들 중에서, 일찍이 중·고등학교 시절부터 법률학이 자기의 천직이라 여기고 이때부터 자기의 길을 정했다고 말하는 경우를 들어 본 기억이 없다.

최소한 법률학에는 예술가의 생애에 나타나는 어떤 천부적 재능이나 소질을 필요로 하지 아니한다. 내가 법률학을 선택하게 된 중요한 이유도, 다른 과목을 등한시 할 정도로 유달리 좋아 하는 특정 과목에 대한 특별한 열정이 없었던 이유 때문이 아닌가 생각한다.

그러나 상당수 사람들은 지금도 젊은이가 너무 빨리 사회적·세속적이 되는 것을 우려하고 있다. 오히려 한 번쯤이라도 이러한 낭만적 회의주의를 거침으로써, "무릇 존재하는 모든 것은 합리적이다"는 말의 참뜻을 이해하게 될 것이라고 기대하는 것처럼 보인다.

그러나 나로서는, 이런 과정도 거치지 아니하고, 이 '빵을 위한 학문'과 사랑이 결핍된 타산적 결혼을 선택한 것에 대해, 지금까지 특별히 이를 후회하거나 부끄러워해 본 기억이 없다. '빵을 위한 학문(Brotwissenschaft)'이라는 말의 의미가, 학문이 개인의 '생계를 위한 수단'이라는 뜻이라면, 법률학 이외의 모든 학문에 있어서도 사정은 마찬가지이다. "예술은 빵으로 향 한다"는 말이 있을 정도이니, 사회생활과 관련이 깊은 법학의 경우, 그것이 특별히 문제가 될 이유는 없기 때문이다.

문제가 되는 것은 다나까(田中) 교수의 말처럼 '학문 자체의 빵化'라 말할 수 있다. 법학의 범위를 사회생활에 실리(實利)를 주는 영역으로 한정하여, 실익이 없는 것은 연구하지 아니하는, '학문상의 하루살이'로 전락시킨다면, 오히려 그것이 문제인 것이다. 실제로 우리 사회에는 이러한 우려가 현실이 되어 나타나고 있다.

바야흐로, 법학교육의 시대가 실무가 양성의 단계로 접어들었다. 정부가 학자들에게 실제문제의 해결을 요구하면서 학문적 입장을 지키는 것보다 실무의 해결사가 되도록 요청하고 있으며, 법조실무자들이 이에 동조하여 오늘과 같은 법학교육의 실태를 만들었다. 이런 현실이 사회생활의 이상에서 보아 과연 바람직한 것인지, 현재의 나로서는 그 답을 찾기 어렵다.

세상은 변한다. 그리고 그 '변화'에 대한 인식에서부터 모든 철학적 사유가 시작된다.

우리는 똑 같은 강물에 결코 두 번 발을 담글 수 없다. 찰나로 흘러가는 시간은 반복을 모르지만, 다만 인간이 이를 순환하는 것으로 해석하는 차이가 있을 뿐이다. 이를 '**해석학적 순환**'이라고 하던가?

펨토(femto) ($1/10^{-15}$)초의 세계에서 보면, 인간은 변하지 않는 영원한 존재처럼 보인다. 그러나 이것은 착각이다.

권력을 뺏기지 않으려고 자식을 먹어치우는 희랍신화의 **크로노스(Chronos)**를, 사람들은 '시간'을 의미하는 말의 기원으로 쓰고 있다.(chronology, chronicle) 시간은 인간을 태어나게 하지만 죽음을 통해 다시 거둬가기 때문이리라. 그러나 절대적인 것이라고 믿었던 그 시간의 길이조차 변하는 존재임이 서서히 밝혀지고 있다.

요즘, 각종 언론매체를 통해, 노인의 경제적 문제가 사회적 이슈로 크게 부각되고 있음을 자주 접하게 된다. 그러나 노인 문제에 대한 이런 접근방식은 피상적 관찰에 불과한 것이라고 생각한다. 이 시대 빈곤의 문제를 굳이 노인층에 국한시켜 볼 이유는 없다. 소년·소녀가장, 버림받은 아이들, 직업 없는 미혼모나 결손가정의 문제 등 빈곤이 더 심각하게 문제되는 사회집단은 얼마든지 있기 때문이다.

나 스스로 노인의 나이에 접어들면서, 남은 생에 있어서는 물질적인 삶의 문제보다, 오히려 사회적 관계로 부터의 단절이나 외로움, 분노 조절 등 정신적 문제를 다스리는 것이 더 큰 문제라는 생각을 자주 하게 된다. 본질적으로 인간은 사회적 동물이고, 노인에게 있어 가장 심각하게 또 아프게 다가오는 것은, 기존 집단과의 관계적 '단절'이기 때문이다.

장수를 위한 각종 연구 결과에 빠짐없이 나타나는 필수요소 역시 인간관계의 유지이다. 의학적·전문적 접근은 접어두더라도, 노인에게 있어 대화와 인간관계의 유지가 중요함은 주변에서 어렵지 않게 발견할 수 있다. 돈이 인생을 풍요롭게 만드는 수단이 될 수는 있으나 노인에게는 돈이 인생 그 자체가 될 수 없을 뿐더러 그 돈으로 행복을 살만한 시간적·정신적 여유도 별로 없다. 그러나 소통과 인간관계의 유지는 노인의 인생 그 자체를 이루는 것이다.

불과 얼마 전까지 나이 사·오십만 되어도 초로(初老)라 하였으나 요즘엔 '노인'이라는 말을 함부로 꺼내기조차 힘든 세상이 됐다. 나이와 정년은 법이 만든 제도이고 나름대로 이유가 있겠지만, 심리학자와 뇌 과학자 들은 노년의 뇌가 청년의 뇌보다 더 똑똑하다는 많은 실험결과를 내놓고 있다. 기억과 계산능력은 다소 떨어져도, 추론과 판단능력에선 훨씬 앞서기 때문이다.

일본 후생성은 50세에서 69세까지는 알차게 결실을 맺은 연배라는 의미로 실년(實年), 70이 넘으면 성숙했다는 뜻으로 숙년(熟年)이라고 하고, 중국에서는 50대가 숙년이고 60대는 장년(長年), 70대 이상은 존년(尊年)이라고 부른다고 한다.

미국에서도 노인(old man)이란 표현 대신 더 나이든 사람(older man), 또는 나이든 시민(senior citizen), 황금연령층(golden age) 이란 표현을 즐겨 쓰고 있다.

나는 '나이 듦'을 특별히 슬퍼할 이유는 없다고 생각한다. 그 속에는 우리가 지금까지 경험하지 못했던 커다란 축복이 들어 있기 때문이다. 그 축복 속에는 지금까지 젊음이 누리지 못했던 '편안함'이 존재한다. 그토록 그리던 日常에서의 해방, 남의 눈치 보지 않기, 그밖에도 하고 싶었던 일 맘껏 하기 등, 샘물처럼 솟아오르는 노년의 즐거움이 켜켜이 들어 있다.

다만, 그 즐거움에 빠져, 세월이 너무 빠르게 흘러감을 한탄하는 경우를 종종 보게 되지만, 나로서는 그럴 이유 또한 없다고 생각한다.

철학의 역사는 항상 변화하는 존재와 그 변화를 뛰어넘는 존재의 문제, 나아가 인간이 이를 어떻게 인식할 수 있는가 하는 문제와 관련된 충돌이었다.

**하이데거**는 **『존재와 시간』**에서 존재, 시간, 진리에 관해서는 존재자가 아닌 사태로서 '주어져 있다(es gibt)'라는 표현을 쓰고 있다. 그에 의하면, 존재는 존재자와 같은 것이 아니고, 또 인간은 오랜 세월 동안 모든 '존재'를 '존재자'처럼 오독하는 습관에 빠졌다고 한다.

하늘과 땅, 산과 바다, 꽃, 구름, 시냇물을, 사람들은 따져 보지 않고 모두 존재자로 기억한다.

**『중론』**의 「감과 옴을 관찰하는 장」에서, **용수**는 '가는 행위', '가는 사람', '갈 곳'이 따로 없음을 다음과 같이 노래하고 있다.

> 이미 간 곳을 가지 않네. 아직 가지 않은 곳을 가지 않네.
> 이미 간 곳과 아직 가지 않은 곳을 떠나 지금 가고 있는 곳을 가지 않네.
> 가는 사람은 가지 않네. 가지 않는 사람은 가지 않네.
> 가는 사람과 가지 않는 사람 이외 또 누구가 있어 가겠는가?

가는 행위와 가는 사람이 '같다'거나 '다르다'고 하는 집착은 궁극적으로 '가는 행위' 또는 '가는 사람'이 '있다'는 집착에서 나온 것이기 때문에, 이 표현이 바르게 성립하지 않는다는 가르침이다. 그렇다면 거장 **하이데거**조차 결코 둘이 아닌 것을 둘인 것으로, 또 없는 것을 있는 것으로 착각하고 있는지도 모를 일이다.

산은 산이요, 물은 물이다.

산이 산인 것은 산이 산이기 때문이요, 물이 물인 것도 마찬가지 이치이다. 그것은 산이 있어 산을 만들고, 물이 흘러 강을 이룸과 같은 이치이다. 산이 그곳에 있지 아니하거나 물이 흐르지 않게 되면, 그것은 산과 물의 부정이요 곧 존재자의 사멸에 해당한다. 내가 죽음으로써 내가 부정되는 것과 같은 이치인 셈이다. 불교에서 말하는 유즉시무, 무즉시유(有卽是無, 無卽是有)의 언명은 바로 이런 구별을 전제하고 붙인 것이 아닐까 ?

시간은 누구에게나 공평하다. 자연은 누구에게나 공평하게 첫 날과 마찬가지로 끝 날을 신사한다. 누구든 시간이 흐르면 늙고 또 죽게 마련이다. 여기에는 예외가 없다. **소크라테스**의 말처럼, 늙어서 죽음을 맞이하는 것은 인간이 받을 수 있는 최고의 축복일 수 있다. 따라서 세월의 흐름에 따라 변하는 인생의 무상함이나 나이 듦을 특별히 슬퍼할 이유는 없다고 생각한다. 나는 누구에게 있어서나 현명하게 젊기는 어려우나, 현명하게 늙어가는 것은 가능하리라고 믿는다.

**배 영 길**

23회

(전) 부경대학교 법학과 교수

사단법인 한국수산법제연구소 이사장

저서 『토지공법, 수산업법론』 외

ykbae@pknu.ac.kr

# 우주일화 (宇宙一花)

이 홍 훈

우주일화의 즉, "우주는 한 송이 꽃이다"라는 화두는 화엄사상과 용화사상, 또는 만물일체와 만물일원의 큰 뜻을 담고 있다고 생각됩니다.

우리 곁에서 수많은 아름다운 꽃이 피어나고 그것을 가까이서 볼 수 있다는 것은 참으로 불가사의한 생명의 신비가 아닌가요.

지구 전체는 하나의 거대한 생명체입니다.

영국의 과학자 제임스 러브록이 "지구상의 생명을 보는 새로운 관점"이라는 저서에서 말하였듯이 지구에서 살고 있는 모든 생물, 대기권, 대양, 토양 등 우리 주변에 있는 생물과 무생물들은 상호 밀접한 영향을 주고받으며 거대한 생명체를 이루고 있습니다.

그리고 지구라는 거대한 생명체의 구성원들은 역동적으로 상호작용을 주고받으며 자율적으로 생명을 유지해 나가는 것입니다. 우리와 함께 진화하여 온 지구상의 모든 생명들은 수십 억 년 동안을 우리와 함께 살아왔고, 앞으로도 우리가 존재하는 한 우리와 함께 공존해야 하는 같은 하나의 운명체라고 할 것 입니다.

모든 생명은 서로 더불어 사는 존재이며 상호 연관을 가지고 상호의존 하는 존재입니다. 모(母)생명은 온생명의 하나이고, 각 생명체의 개체생명은 온생명의 전제구조 속에서 모생명으로부터 생존에 필요한 것을 얻어내고 모생명과 공존하는데 필요한 역할을 감당한다고 합니다. 그러하기 때문에 나의 모생명에는 '너'가 포함되고, '너'의 모생명에는 '내'가 포함되어 상호 연관과 의존의 관계가 형성됩니다. (一卽多 多卽一, 不一不二)

결국 우주와 지구라는 온생명이 있어야 우리가 존재할 수 있고, 더 나아가 지구촌의 세계는 '나'로 인하여 존재하는 '너'이고, '너'로 인하여 존재하는 '나'이며, '자연'과 함께 존재하는 인간이고, '인간과 함께 존재하는' 자연입니다.

다시 말하면 인간은 자연 환경 속의 생명체로서 나와 분리되지 않는 '너' 속에 지금 이 순간 우리와 함께 호흡하는 온갖 생명이 다 포함되어 있습니다. 따라서 우리는 '내'가 있어야 '너'가 있고 '너'가 있어야 '내'가 있는 만물일원의 세계에 살고 있습니다.

우주 안에 만물은 상호 의존하고, 소통, 교감하면서 그 본유의 생명력을 유지하게 됩니다.

소립자물리학적 입장에서 보면, 모든 물질은 상호작용을 하면서 존재하는 것이며, 다른 입자와 상호작용을 하지 않고 홀로 존재하는 입자는 없습니다. 그리고 물질을 구성하는 입자들은 끊임없이 주위에 있는 입자들과 상호작용을 하고 있고, 여기에 어떤 입자가 존재한다고 말 할 수 있는 것은 저기에 다른 입자와 상호 작용을 하기 때문이라고 합니다.

또한 상호작용으로 서로 존재하는 모든 것은 하나로 연결되어 있고, 존재하는 것 모두가 일체라는 것입니다. ('전체로서 하나'의 의미로서 '空'을 카리킴)

물리적 진공 속에서 우주의 모든 물질의 구성요소인 소립자와 반

입자가 결합하여 끊임없는 상호작용을 하면서 그물망처럼 연결되어 있으면서 끝없는 생성과 소멸을 되풀이 하고 있다는 것입니다. 더 나아가 물리적 진공을 이루는 가상입자들과 우리의 경험세계에서 보는 입자들 모두가 연결되어 있으면서 색이나 공이나 구별 없이 하나를 이루고 있다는 것입니다. 선가에서 말하고 있는 色卽時空 空卽時色이라고 할 수 있지요, 다시 말하면 색즉시공은 우주 전체가 하나로 연결되어 너와 나가 하나를 이룬다는 '만물일체'을 뜻한다고 볼 수 있지요. ('전체로서 하나' 또는 '나눌 수 없는 하나')

법정스님은 이러한 우주적 철학을 담아 '우주 자체가 하나의 마음이다. 마음이 열리면 사람과 세상과의 진정한 만남이 이루어진다. 내 마음 따로 있고 네 마음 따로 있는 것이 아니다. 한 뿌리에서 파생된 가지가 곧 내 마음이고 당신의 마음이다.' 라는 선시를 남겼습니다.

또한 세레브로프박사 (구 쏘련 최초 우주인)는 몇가지 소리를 검토한 결과 '인간의 혈액이 혈관을 흐르는 소리와 지구가 내는 고유의 진동이 화음을 이루고 있음이 밝혀졌다.' 고 말하고 있고, 불법에서는 '우주의 리듬'과 '우리 생명의 리듬'과의 공명을 말하고 있습니다. 지구에는 고유의 리듬이 있고 지구에서 자란 우리의 몸에는 지구의 리듬이 있다고 합니다.

이렇게 보면 인간은 전 우주와 하나로서 대우주를 독자적인 방법으로 나타내는 '소우주'라고 할 수 있다는 것입니다. 따라서 인류는 다같이 지구의 가족으로서 우주적으로 사고하고 지구적으로 행동하는 삶의 자세가 요청된다는 것입니다.

생명체의 생성 기반은 다른 생명체의 죽음으로 마련된 것이며, 나타남과 사라짐, 삶과 죽음의 모든 것이 하나로 연결된 전체임을 알 수 있습니다.

우주의 법계에서는 총체성과 개별성, 동일성과 차별성, 화합성과 분리성이라는 서로 상반되는 명제는 겉으로는 서로 상반되는 것 같이 보이지만, 서로 의지하고 넘나들면서 서로가 서로의 존재를 가능하게 하고 성립되게 하는 것입니다.

고대와 중국에 있어서 중국의 물리적 우주관은 감축할 수 있는 물질로 응축된 "기"는 세계의 모든 다른 대상들과 함께 작용을 주고 받으며, 음과 양의 두 기본적인 힘의 율동적인 교체와 의존하는 파동이나 진동의 방식으로 작용한다고 보고 있었습니다.

선가에서는 한 티끌 안에 온 우주가 다 들어 있다고 하지요. 그런즉 우리 몸의 유전자에는 38억년 진화의 전 과정이 베어 있을 것이고, 지금 이 순간에 존재하는 하나의 원자 속에는 전 우주의 역사가 스며들어 있으며, 극미와 극대의 세계가 연결되고, 순간과 영원의 시간이 상호 관통하는 비밀의 통로가 놓여 있습니다.

우주 전체는 하나의 몸입니다. 태양을 포함한 우주 전체가 분리될 수 없는 하나를 이루는 것이고 질량과 에너지의 상호 변화는 핵융합과 광합성을 연속된 일련의 과정으로 이해할 수 있게 합니다. 온 생명과 우주 전체가 상호 연관의 무한한 망 속에서 전개되고 있음을 보여 주고 있습니다. 하나의 근원적 전체에서 우주의 온갖 다양성이 펼쳐집니다. 소립자물리학이 소립자 하나에도 우주의 온 역사가 스며들어 있다고 보듯이, 전체로서의 총체성과 개별성은 개개의 사물에 다 들어 있는 것입니다.

이러한 우주는 한 순간도 정지하지 아니하면서 삼라만상을 끊임없이 성장시키고 있습니다. 성현들은 우주에는 창조주의 손과 같은 생명의 에너지가 존재하고 있고, 모든 만물에 끊임없이 생명을 불어넣고 있으며, 살아있는 모든 것을 좋은 방향으로 이끌고자 하는 우주의 의지, 힘, 에너지와 함께 사랑과 자비가 가득 차 있다고 합니다.

이와 같이 무한한 공간 속에서 수많은 별들과 그 안에 내재하고 있는 무한한 생명체들이 상호 교감, 소통하면서 하나가 되어 사랑과 자비로 가득 차 있으니, 따라서 우리가 살고 있는 이 우주는 아름답고 신비스러운 한 송이 꽃이 아닌가요?

그러한 우주의 힘은 무한한 공간과 별들 속에 편재하면서 모든 생명력의 근원이 되어 삼라만상의 탄생, 성장, 소멸을 주관합니다. 따라서 우리는 그 전능한 우주의 의지에 따라 그것과 조화하는 사고방식과 삶의 방식을 가지는 것이 무엇보다도 중요하다는 생각이 듭니다.

아인슈타인은 '영원한 것에 눈을 돌려라. 그것이 인간사회에서 평화와 안온을 가져다 줄 유일한 정신 근원이기 때문이다.'라고 말하였습니다.

세계 평화주의자인 이께다 박사는 "우주 그자체가 생명이며 끊임없이 변화하고 세세 영생 유전을 반복하면서 거기에 묘한 조화와 질서가 있다. 인간계든 자연계든 단독으로 일어나는 현상은 아무것도 없으며, 만물이 서로 관계를 맺고 의존하면서 하나의 코스모스를 형성하고 있고, 무수한 인연으로 서로 연결되는 세계는 우리 생명이 투영되고 동시에 우리 생명은 그 깊은 내면에서 무한한 파동성 지니고 있다. 즉 생명은 우주만큼의 넓이를 갖고 있으며, 우주즉아 아즉우주(宇宙卽我 我卽宇宙)다."라고 하였습니다.

칸트는 '맑게 갠 밤 별이 빛나는 하늘을 쳐다 볼 때 인간은 오로지 고귀한 혼만이 느끼는 일종의 만족감을 얻을 수 있다.' '감탄과 외경심으로 내 마음을 채우는 것이 두 가지가 있다. 그것은 내 위에 별이 빛나는 하늘과 내 안의 도덕률 바로 그것이다.'라고 말하고 있는바, 칸트는 우주와 생명을 꿰뚫는, 그리고 인간의 지혜를 초월한 엄연한 법칙과 조화를 직감하고 있으면서 그것을 '감탄과 외경심'을 가지고 겸허하게 우주와 인간을 통찰하였습니다.

이 외적인 우주와 내적인 우주에 대한 '감탄과 외경심'의 마음이야 말로 인간에게 있어 중요한 마음이 아닐까 생각합니다.

프리쵸프 카프라는 새로운 패러다임으로서 세계를 분리된 부분의 집합체라기보다 통합된 전체로 보는 전일적 세계관의 입장에서 모든 현상들이 근본적으로 상호 의존하고 있으며, 개인과 사회가 순환과정에 깊이 관련되어 있음을 깨닫게 해주고 있습니다.

아인슈타인 이론에서도 물질은 그 중력장과 분리 될 수 없으며 그 중력장은 만곡된 공간과 분리 될 수 없고, 물질과 공간은 단일한 전체의 분리될 수 없는 상호 의존적인 면으로 이해된다.

오늘날 양자물리학적 입장에서도 "동조"(두개의 입자중 하나는 우주의 반대편에 놓아두고, 한 입자에 자극을 주면 떨어진 다른 입자 역시 순간적으로 반응하는 현상)는 양자의 속성 중 하나가 아니라, 양자 고유의 성질이라고 하고 있고, 초끈이론에서는 미시세계의 만물들은 모두가 조그마한 끈으로 이루어져 있으며 이들의 진동하는 패턴에 따라 우주의 운명이 결정된다고 하고 있습니다.

오늘날 세계적으로 고도의 인플레이션, 대량실업, 소득과 부의 불균형을 인한 양극화, 에너지위기, 오염과 환경재해, 폭력과 범죄의 증가추세 등으로 지적, 정신적, 윤리적인 면에서 심각한 위기상황에 있다고 보고 있습니다.

모든 문명은 발생, 성장, 파탄, 소멸의 동일한 순화과정을 겪는 것으로 보입니다. 문화적 성장의 반복리듬은 모든 시대를 통해 관찰되었으며 '우주의 근본적인 역동성의 일부로 여겨진 변동의 과정'과 관계가 있는 듯 합니다.

토인비는 문명의 발생은 정적 상태에서 동적 작용으로 이루어지며, 문명발생의 기본패턴은 "도전과 응전"이라는 상호작용의 패턴으로 보았고, 이와 같이 도전과 응전은 후속되는 성장 과정에서 반복되며 각기의 성공적인 반응은 새로운 창조적 적응을 요하는 불균형으로 만들어가고 있으며, 문명붕괴의 결정적 요인은 유연성의 상실로서, 분해하는 사회의 유연성 상실은 요소 간의 조화의 전반적 상실을 수반하게 됨으로써, 그것은 필연적으로 사회적 불일치와 분열로 몰고 간다고 말하고 있지요.

그러하기 때문에 우리 사회와 인류가 나아가야 할 미래의 방향은 경제적 번영과 함께 성장과 분배의 면에서 공정하고 정의로운 사회를 구현하여, 더불어 함께하고 균형 잡힌 사회를 근간으로 하는 동화적 통합사회를 이루는 것이라고 생각됩니다.

역사의 변증법은 풍부한 상상력과 수정력을 통하여 진화된 새로운 역사를 꿈꾸고 있으면서 인간의 존엄과 가치가 존중되고 자유가 보장되며 정의가 구현되어 모든 인류가 인간답고 평화롭게 살 수 있는 사회를 향하여 흐르는 강물처럼 도도히 나아가고 있는 것이 아닌가 생각됩니다.

이와 같은 미래의 세상을 향한 인류의 꿈이 바로 우리 모두가 "우주일화" 라는 화두의 깊은 뜻을 깨닫게 됨으로써, 실현될 수 있을 것이라는 기대와 희망을 가져봅니다.

**이 홍 훈**

23회
전) 대법관
법무 법인 화우 고문
nampa46@naver.com

# 베른하르트 슐링크와의 대화

최 종 고

금년 가을에 나에게 가장 중요한 '사건'은 독일 작가 베른하르트 슐링크(Bernhard Schlink)와의 만남이었다고 생각된다. 그가 이번 제4회 박경리문학상의 수상자로 내한한다는 뉴스를 듣고 꼭 만나보고 싶어 원주의 <토지문학관>에서 실시하는 수상식에 참석하였다. 실제로 만나보니 나와의 공통점도 있고, 또 독일 프라이부르크대학의 미술사 교수인 그의 형님과는 아는 사이여서 더욱 반가웠다.

공통점이란 나보다 3살 위인 그도 원래 법학자라는 사실이다. 그는 1944년 빌레펠트에서 태어났는데, 아버지는 하이델베르크대학 신학교수로서 나치스에 비판하다 해직되어 목사로 살았다. 베른하르트도 하이델베르크대학과 베를린대학에서 법학을 배우고, 1992년부터 베를린 훔볼트대학 헌법교수로 재직하다 2008년에 정년퇴직하였다. 1988년부터 2006년까지는 노르트라인-베스트팔렌 주 헌법재판소 판사를 겸임하였다.

1987년 추리소설 <젤프의 법>을 발표하면서 추리소설을 쓰기 시작했고, 1995년 <책 읽어주는 남자>(Der Vorleser)로 큰 반향을 얻었다. <뉴욕타임즈>의 베스트셀러 1위가 되었고, 48개국어로 번역되고 영화로도 되었다. <더 리더(The Reader)>라는 제목으로 우

리나라에서도 인기리에 상영되었다. 한국에도 『책 읽어주는 남자』를 비롯해 장편 『귀향』(2006), 『주말』(2008)과 단편집 『사랑의 도피』(2000), 『여름 거짓말』(2010) 등이 번역되었다.

10월 25일 오후 <토지문학관>에 도착하자 박경리 여사의 따님 김영주 관장은 나에게 이번에 언론에서 가장 큰 반응을 보이는 것 같다면서, "독일인이라 그런지 한국과 한국문학을 철저히 연구하는 분 같다"고 하였다. 나는 "더구나 법을 하신 분이니까요"라고 응답했다. 정말 인상부터 철저한 성격인 것을 느끼게 했고, 한 마디 한 마디 생각하면서 답하면서도 문학가이니 무겁지않게 표현하였다. 나는 우선 내 지도교수 홀러바흐(A. Hollerbach)를 아느냐고 물었더니, "물론이죠!"(Natürlich!)라고 웃어서 더욱 가깝게 느꼈다. 그럼 헷세(Konrad Hesse) 제자이냐고 물으니 뵈켄푀르데(Böckenförde) 제자라고 한다. 홀러바흐와는 다른 '학파'에 속한다고 할 수 있지만 역사에 관심을 가진 점에서는 공통적이라 직감하였다. 나는 내 책 『홀러바흐와의 대화(Gespräche mit Alexander Hollerbach』와 시화집 『아름다워라

프라이부르크(So schön ist Freiburg)』를 선사하였고, 그는 자신의 『책 읽어주는 남자』의 한국어판에 "나의 동료 최종고! 베른하르트 슐링크"(Meinem Kollegen Chongko Choi! Bernhard Schlink)라고 싸인을 해주었다. 수상식은 영어로 진행되어 생각보다 좀 촌스러웠으나, 김지하씨랑 처음 인사하고 몇 분 지인들과 대화하는 것으로 좋았다.

집에 와서 『책 읽어주는 남자』를 읽어보니 화제작이 될만하다고 느껴졌다. 무엇보다 독일의 어두운 과거를 직접 태클하는 작품이기 때문이다. 나도 정년후 춘원 이광수(1892-1950)연구에 집중하고 있어 일제통치와 친일문제가 목에 걸린 가시 같이 늘 생각하고 있어 슐링크의 문제의식과 처리방법(?)이 비상하게 관심이 간다. 그는 이미 비평가들로부터 비판받았듯이 법학자이면서 정의보다 화해와 사랑을 강조하고 있는데, 나도 솔직히 그런 생각 쪽으로 기울어져있지만 한국사회의 정서와 한일관계의 악화로 독일에서보다 어려운 상황인 것처럼 느껴진다. 그래서인지 한국언론도 그에게 이 문제에 관해 집중적으로 질문을 던지고 크게 보도하였다. 그런데 그는 분명히 일본을 비판하지 않았다. 그는 일본으로부터도 상을 받은 경력도 있지만, 독일처럼 일본이 책임고백을 하지않는 이유를 독일은 죄(Sin)의 문화이고 일본은 수치(Shame)의 문화이기 때문에 더 어려울지 모른다고 하였다. 이 점에는 법률가라기보다 문학가이다. 사실 동서양을 죄문화 대 수치문화로 해석하는 베네딕트류의 이분법은 학문적으로는 이미 극복된 테제이지만 여전히 무언가 핵심을 건드린 면이 있어 이렇게 다시 활용되는구나 하는 느낌을 지울 수 없다.

아무튼 10월 30일 그의 마지막 밤을 괴테 인스티투트에서 『책 읽어주는 남자』를 저자가 직접 읽는(Lesung) 시간을 가진다 하여 다시 만났다. 나는 족히 3백 명은 될 남녀 젊은이들이 모인 열기에 놀랐다. 원주에서의 이미지를 씻겨주는 것 같았다. 독문학자 안문형 교수의 원숙한 진행으로 여러 질문과 대답이 독일어로 심도있게 오갔다. 한 학생이 얼마나 작자 자신의 얘기냐고 물었다. 슐링크는 "모든 작품은 작가의 얘기가 다 들어있다. 얼마나 들어있느냐고 묻는다면 농담이지만 1.05% 들어있다고 답해왔다"고 응대하며 웃었다. 나도 법학자로서 역사에서의 정의와 사랑의 비중에 관하여 질문하려다 너무 질문들이 많아 양보하였다. 안교수가 주인공 여자 한나가 문맹이고 자살하는 것이 독일의 어두운 과거를 상징하는 것이냐고 묻자, 슐링크는 그것은 독자와 비평가의 몫이고 자신은 쓰기만 할 뿐이라 하였다. 이 점이 작가와 학자의 차이라고 생각되고, 은근히 작가의 매력이 느껴졌다. 저자 사인을 받으려는 행렬이 하도 길어서 잘 가라는 인사도 못하고 왔지만, 이번 그와의 만남은 나에게 여러 가지를 생각하게 하는 좋은 시간이었다.

오랜만에 프라이부르크 얘기를 할 수 있어서도 좋았다. 그는 두 주 전에도 프라이부르크를 다녀왔다 한다. 지금은 일년중 절반은 독일 절반은 미국 뉴욕에서 산다고 한다. 나도 뉴욕에 자주 간다고 답하면서, 이제 세계가 정말 지구가족화 된 것을 다시 한 번 느꼈다. 이런 작가가 한국의 문학상을 받으러 와서 프라이부르크와 동료 얘기를 나눌 수 있으니 그도 기분이 좋았을 것이다. 문제는 이런 좋은 시대에 사는 우리가 세계에 내어놓을 수준의 작품을 내어놓는 일일 것이다. 우리의 역사를 세계인이 공감하도록 문학 작품화하는 것은 우리의 역량에 달린 것이 아니겠는가.

**최 종 고**

24회, 서울대 명예교수, 한국인물전기학회장
저서 『괴테와 다산과 법』 외
시집 『시 쓰는 법학자』, 역서 『라드부흐르 법철학』 외
chongkochoi@hotmail.com

# 사마천의 승부 외 1편

최 현 득

저녁상을 물린 후 사마천(司馬遷)은 딸에게 말을 꺼낸다. 사위의 듬직한 모습이 오늘따라 아프게 다가온다.

"얘야, 아비가 오늘은 할 말이 좀 있다. 특별한 말이니 새겨듣도록……."

궁형(宮刑)[13]을 받기 전에 태어난 유일한 피붙이가 아닌가. 말이 새댁이지 이미 서른을 넘긴 나이, 눈가에 잔주름이 안쓰럽다. 앞으로 이 딸이 헤쳐가야 할 만만찮은 행로를 생각하니 갑자기 눈앞이 뿌옇게 흐려온다. 평생 동안 모질게 살아온 삶 그 자체가 한순간 안개 속으로 사라지는 듯하다. 그리고 목숨보다 더 집착해온 '문장'이란 것도 허망하기 짝이 없다는 생각이 든다.

'늙었는가. 이래서는 안 되지.' 이내 마음을 다잡은 사마천의 목에 억지로 힘이 실린다.

"내일쯤 스스로 세상을 등질까 한다."

바람에 나뭇잎 부서지는 소리가 스산하다. 궁형을 받은 지 십여 년, 구우일모처럼 하찮고 미미하게 여긴 목숨이었다. 그러나 가벼운 죽음 대신 사명과 대의를 위한다는 일념으로 무거운 삶을 이어왔던

---

13) 죄인의 생식기를 없애는 형벌

참담한 세월이 아닌가.

"네 출가 때문에 몇 년을 더 연명해왔구나. 이제 아비의 도리는 다 한 것으로 해다오."

"……."

올 것이 왔다. 근래 말이 없던 아버지다. 그 아버지의 《태사공서(太史公書)》 130권, 52만 6500여자, 1만 6천개의 죽간이 완성된 지도 이미 여러 해가 지났다.

"그 동안 모진 목숨을 이어왔지만 생불여사, 이제는 짐을 벗어야겠다. 여러 차례 당부했지만, 나의 문장이 후세에 전해지지 못하면 아비를 두 번 세 번 죽이는 것이다. 내가 모욕을 참고 견디며 살아남아 더러운 흙속에 뒹굴면서도 목숨을 버리지 않았던 까닭을 명심하여라……."

이상은 소위 사마천의 자살설을 내 나름대로 풀어본 것이다.

역시 허구지만 중국작가 천퉁성(陳桐生)의 《史魂- 司馬遷傳》의 종장은 분위기가 영 다르다. 무대는 고향인 섬서성 한성현(韓城縣)의 물살이 드센 황하. 용문(龍門)의 날아오르는 듯한 폭포 앞에서 아내와 딸이 임종을 지키고 있다.

"…황하 골짜기 안에는 귀청을 울리는 파도소리가 울려 퍼졌다. 파도소리가 이어지는 가운데 사마천은 조용히 눈을 감았다.…"

작가는 사마천의 최후에 평안을 선사하고 싶었던 모양이다. 불세출의 역사가에게 대자연 속에서 자연사를 시키는 최고의 예우를 하는 것인지도 모른다. 아름답다고 할까, 어찌 보면 너무 낭만적이라는 생각도 든다.

사마천의 사망년도와 사망원인에 대해서는 기록이 없다. 그의 일생은 극적 요소가 많다고 한다. '그 나무에 그 열매'라는 일반론을 굳이 들먹일 필요가 있겠는가. 《太史公書》 소위 《史記》 가 중요한 만큼 사마천의 일생도 중요하다는 얘기인데, 그 죽음이 여백으로 남아있는 것이다. 어쨌든 후인들에게는 이천년도 넘은 먼 역사의 공간에서 상상하는 재미가 남게 되었다.

자살설이 비장감을 준다면 자연사설은 유장감을 준다. 박력과 불끈거리는 힘줄, 역사의 가쁜 숨결을 전자에서 느낄 수 있다면, 후자는 황하의 파도 소리를 들려주면서 천인합일의 순리를 주문하는 듯하다.

그리고 세 번째의 가능성인 옥사설 내지 처형설을 빼놓을 수 없다. 원망과 불평으로 인해 다시 한 번 옥에 갇혀 세상을 떠났다는 것이다. 지극히 현실적인 추측이며 지금도 이 견해에 동조하는 학자들이 적지 않다고 한다. 동시대를 살면서 사마천에게 결정적인 영향을 미친 (한무제)漢武帝, 그가 누구인가. '비범한 재주와 원대한 포부'를 가진 권력자인 동시에 미신에 빠져 장생불사를 희구한 감정파탄자. 사마천의 불길한 최후를 예단하게 하는 대목이다. 그러나 어차피 검증이 불가능한 상상의 영역이다. 역경을 극복한 위대한 영혼, 우리의 영웅에게 너무 냉정하고 밋밋한 대접이 아닐까.

그리하여 이 세 가지 중에서 내가 선택하고 싶은 것은 자살설에 바탕한 맨 앞의 그림이다.

사마천은 집념의 승부사다. 승부치고는 큰 승부를 한 것이다.

주공과 공자를 섭렵하며 하늘의 도를 찾는 큰 승부를 시도했다. 백이열전(伯夷列傳)에서 《太史公書》 전편을 아우르는 화두를 던진다. 소위천도시야비야(所謂天道是也非也)! 하늘의 도라는 것이 옳으냐 그르냐, 있느냐 없느냐. 훗날 그 누가 신은 죽었다고 외친 대목과 너무나 흡사하다.

그는 한 시대, 한 인간과의 불화나 투쟁에 그친 것이 아니라 역사와 한 판 승부를 벌인 것이다. 그리고 전인미답의 멋진 승리를 거두었다. 삼천년에 걸친 세상사와 인간군상을 그의 붓 아래 정렬시킨 셈이다. 그 멋진 승부를 마무리하는 장면은 강렬한 의지의 정화, 자살이 제격이 아니겠는가.

그리고 말이다. 오로지 딸의 출가를 위해 목숨을 연장한 것도 승부라면 승부다. 나는 그 승부에 주목하고 싶은 것이다. 너무나 인간적인, 그리고 작지만 슬픈 승부라는 생각이 든다. 역사와의 승부에 곁들여져 기름칠을 하는 이 작은 승부에 박수를 치고 싶다. 외손 양운(楊惲)이 조정에 《太史公書》를 바친 것은 사마천이 죽고 40여년이 지난 후의 일이라고 한다. 그 슬픈 승부가 있음으로 해서 그의 문장이 세상의 빛을 보게 되는 것이다.

이 봄, 문득 나의 승부를 생각해 본다. 어떤 승부가 있었나, 그 승부가 어떠하여야 하는가를 헤아려 본다. 사마천이 살았다는 육십 평생, 나에게는 육십 번째의 봄, 봄이다. 이 하늘 아래 파고드는 햇살……. 갑자기 눈은 왜 이렇게 부실까.

# 지리산 지게꾼

나의 위기는 지리산 지게꾼 시절이다.

'지리산' 하면 누구나 등산에 얽힌 낭만 어린 추억쯤을 떠올리기 쉽다. 천왕봉, 세석평전, 반야봉, 화엄사, 노고단, 피아골, 임걸령 그리고 빨치산……. 3도 5군에 뻗친 웅장한 산세에 값할 만큼 사연도 명소도 많은 곳이다.

그러나 나에게는 위기의 순간에 맞닥뜨린 두 달간의 묘한 인연이 생각날 뿐이다. 17년 전 찌는 듯한 더위가 위세를 떨치던 계절이던가, 칼 힐티의 「잠 못 이루는 밤을 위하여」를 자주 뒤적이던 어느 날 나는 하나의 별난 결심을 하게 된다. 수염이 하얗게 센 아버지, 중풍으로 몸져누운 어머니 — 칠칠치 못한 막내의 늦장가 낭보만 고대하던 그 양위분을 간단하게 외면하고 가출인지 출가인지를 감행한 상황은 위기라면 큰 위기가 아니겠는가.

가당찮게 대범해진 나는 우여곡절 끝에 지리산 토끼봉에 당도, 그때까지 15년간 장좌불와(長坐不臥)로 유명한 한 노장스님을 마주하고 나이 서른에 이른 설익은 하소연을 늘어놓게 된다.

이틀간 행자승(行者僧)의 기본 바탕을 시험받는 동안은 차려주는 독상에 반찬도 그럴싸했다. 풀죽은 체한 겉모습과는 달리 속마음으론 별난 용감성에 스스로 대견해하며 자위도 해보았다.

택일하여 삭발하고, 사미계를 받은 그날 그 순간부터 생애 최초의 수행, 아니 생애 최대의 노역이 시작된다. 청소, 빨래, 장작 패기, 땔감 마련, 채소밭 농사 — 평균하여 스무 명을 넘는 사부 대중의 살림살이에 노장스님의 목욕시중까지 실로 다채로운 소임이 주어졌다. 그러나 산천경개도 빼어난 참선도량에서 나의 가장 큰 소임은 지게꾼이었다.

귀한 똥장군을 두 개나 내동댕이친 것은 그래도 약과다. 어릴 때 농사꾼의 자식으로 지게 지던 흉내는 내본 터수라 똥장군에 내용물이 가득 차야 지게의 균형이 잡힌다는 상식이야 모를 리 없건만, 당장 힘이 부친다는 현실 앞에 반쯤만 똥물을 채우고 채소밭으로 향하다가 모로 넘어져 박살낸 똥장군이 한 개. 가득 채운 똥장군을 지게에 지고 돌계단에서 뒤뚱거리다가 앞으로 구른 것이 또 한 번. 플라스틱 똥장군이라 금방 박살이 나버려 회전거리가 짧았던 점, 인적 없는 산사에서 환경오염의 시비가 없는 것이 불행 중 다행이랄까. 하여튼 똥장군 지게는 자의반 타의반으로 그만두게 되었다. 값이 문제가 아니라 만만찮은 조달과정을 생각하면 귀할 수밖에 없는 똥장군이니까.

문제는 산길 시오리를 넘나들며 신도들이 가져온 짐을 지게로 나르는 일이었다. 시골 시외버스가 다니는 가장 가까운 마을에서 암자까지의 유일한 운반수단이 지게뿐이었고, 그 소임은 당연히 먼저 입산한 청산(靑山), 청운(靑雲) 그리고 나, 세 사람의 몫이었다.

소문난 남녀 스님들, 신심 깊은 보살들이 거처하는 도량이니 그분들의 공양 대접에 소홀할 수 있겠는가. 예를 갖춘 음식, 밀가루, 쌀, 속모를 특산물, 산중생활에는 요긴한 물건들이다. 사바세계의 삶이 여의치 않은 모양인지 각양각색의 사람들이 들락거렸다. 쌀 됫박을 직접 싸들고 오는 촌부들이야 그리 낯선 풍경도 아니고 지게 지는 우리 소임과는 별무관계다.

그런데 차림새도 멀쩡한, 교양이나 지체도 만만찮은 신도들이 승용차로 올 때는 문제가 달라진다. 마을에 짐을 잔뜩 부려놓고 몸만 올라오니 운반책인 우리에겐 비상이 걸리는 것이다.

머나먼 산길을 힘겹게(?) 걸어 올라와 요사채 마루에서 땀을 훔치는 일, 오랜만에 신령스런 산 공기를 마시며 삶의 풍진을 씻는 일, 노장스님께 오체투지(五體投地)로 삼배한 후 법문을 듣는 일. 멀리서 큰 맘 먹고 찾아온 그네들의 소임은 우리와는 딴판일 수밖에 없다.

나는 구절양장 같은 산길에서 지게 위의 짐과 온 체력을 쥐어짜는 투쟁에 들어간다. 심신이 쇠잔한 상태라 예의 두 행자보단 쉬는 회수, 쉬는 시간이 많기 마련이다. 신도가 없어 지게를 공치는 날은 왕재수요 한 번 행차면 재수가 좋은 날이다.

더위에는 수박은 고급 과일, 수박 짐이 지꾸만 늘어나는 여름이었다. 먼 길을 실려 온 물건이 덩치가 작을 리 없다. 어른 머리통을 능가하는 듬직한 수박 하나면 내 지게실력과 엇비슷하다. 족히 스무 번은 쉬어가며 요사채에 겨우 내려놓은 수박은 여러 대중들의 한 입씩 공양으로 금방 흔적도 없어진다. 나의 투쟁에 비해 너무나 허망한 결과다.

지리산 토끼봉에 이르는 산길 시오리 어느 모롱이 치고 내가 앉아 쉬지 않은 곳, 내 진득한 땀이 배어 있지 않은 터는 드물 것이다. 그 많은 순간순간들, 한숨을 폭폭 토해내는 정도는 아니었지만 오만가지 망상이 교차할 수밖에. 사념을 다스리기가 얼마나 어려운지를 희미하나마 느껴본 시간들이었다고 할까.

짐이 많을 때는 스님들까지 울력을 겸해 지원하였다. 스무 번은 쉬어야 하는 나와 비길까마는 기껏 한두 번 쉬며 바람처럼(?) 내닫는 모습들은 신기하다 못해 기가 질릴 지경이었다. 수행의 경지가 저런 것인가……. 그 어떤 피안의 세계를 어렴풋이 가늠해 보는 순간들이기도 했다.

그래도 끈끈한 인간적인 배려나 요령이 통하는 군대생활은 족탈불급이다. 보이지 않는 부처님의 강제, 노장스님의 여유로운 모습은 군율보다 무서운 것이었다.

원인이 있으면 결과가 생기는 법. 지게꾼 생활로 대표되는 생애 최대의 노역은 내 몸 한 부위에 흔적을 남기게 된다. 목욕장에서 알몸으로 빨래하던 어느 날, 원주스님이 내 항문을 비집고 나온 살덩이에 저으기 놀라게 된 것이다.

나의 위기를 구한 실마리는 어떤 의지가 아니라 치질이었다. 치질 치료에 용하다는 보살을 찾아 속리산을 향하게 되고, 흔들리는 시외버스에서 서푼짜리 고뇌를 삭이던 한 찰나, '지방공무원 7급시험 안내'를 알리는 KBS 차내 방송이 송곳처럼 내 귀를 찌르고 들어왔다. 능금꽃 피고 지는 내 고향땅 대구로 줄행랑을 침으로써 내 위기는 일단 막을 내리게 된다.

오늘은 성철 큰스님의 다비식이 있은 날, 육신의 옷을 벗으시고 소리만 남았다. "산은 산이요 물은 물이로다."

위기는 우리 마음속에 있을 뿐이 아니겠는가.

**최 현 득**

24회

수필집 『창문을 열고』 외

ch728go@hanmail.net

김광로 作 oil on canvas

# 다시 보는 옛글

# Chapter 05

# 새해에 생각나는 사람 박윤진 교수[14)]

진 승 록

1950년 6. 25사변 당시 나는 북괴에 의해 서울에서 납치되었다. 평양교화소(형무소)에서 30여명의 납치된 남한 인사들과 함께 같은 해 7월 16일부터 평양 근방에 있는 중화정치보위부 감방에 이감되기 전인 8월 25일까지 한 달 십 여 일간 감옥생활을 하였다. 그 곳에서 남한 인사 30 여분 중의 한 분인 박윤진 교수(동국대학교)를 만났다. 그 분은 어찌하여 정든 가족과 친구들이 있는 서울로 돌아오지 못하였을까? 한 치 앞을 모르는 것이 인간 세사(世事)라고 하지만, 나는 나의 생일을 맞을 때마다 평양형무소에서 생일잔치 행사(?)를 하던 일이 생각나며, 그럴 때마다 박윤진 교수가 주었던 눈물겨운 생일선물이 생각난다.

음력 7월 10일이 나의 생일이다. 아마도 양력으로는 8월 중순 경일 것이다. 생일 전 날인 7월 9일 나는 문득 "내일이 나의 생일입니다."하고 같은 감방에 갇혀 있던 납북인사 여러분에게 발표하였다. 그 곳에는 명제세 씨, 방응모 씨, 정문모 씨, 강정택 씨, 정 연기 씨, 정구홍 씨, 허남수 씨 등 수십 분이 계셨고 그 중에 박윤진 교수도 있었다.

---

14) 이 글은 진승록 교수의 딸 진미경 선생이 제공한 글이다.

납북되기 전 해 나의 생일에는 비록 가빈(家貧)하지만 서울 내 집에서 전 가족 네 사람이 모여 가족만의 생일잔치를 하였다. 그러나 납북된 오늘은 교수생활 십 여 년 하던 내가 소위 납북인의 신분으로 평양감옥소에 끌려와 영어(囹圄)의 몸으로 내일의 생사를 알 수 없는 상황에서 생일을 맞게  되었다. 참으로 사람의 일은 예측치 못할 것이요 왕사(往事)는 일장(一場)의 꿈과 같았다. 지나간 나의 반생인 사십 여년의 과거를 회고하면서 내일에는 무슨 일이 일어날 것인가 생각하니 가슴이 답답하였다.

평소에 감상적이지 않지만 내가 죽으면 서울에 남아 있는 나의 처자들은 저축한 재산도 없으니 어디서 긴거리를 방황할 것인가? 문전걸식을 할 것인가? 어린 팔세, 삼세의 두 딸이 돈암동 전차 종점에서 담배나 떡을 팔지 않을까? 아아 세상이 무심하구나! 천심이 무도(無道)하구나! 교원생활 십여 년에 대학을 졸업한 나의 제자만도 오·육천 명이나 되는데 하늘은 나를 죽일 작정인가? 이 생각 저 생각하니 눈물이 하염없이 흘러내렸다.

그러는 중 옆에 앉았던 박윤진 선생이 "그럼 내일 진 선생의 생일잔치를 이 곳에서나마 성대히 합시다." 하고 제안하였다. 나도 "그럼 내일은 비록 감방이나마 나의 생일잔치를 합시다."라고 말하였다.

그날이 저물고 나의 사십 육회 생일인 1950년 7월 10일이 아침 해와 더불어 밝아왔다. 자비(自費)로 축연을 베풀려고 아침 식사를 분배하러온 사람에게 "부부임! 오늘이 내 생일입니다. 그러니 그 남은 밥 있으면 좀 더 주십시오."하는 애원의 목소리가 무의식중에 나왔다. 아침 식사라야 알미늄 양재기에 넣은 매우 적은 양의 콩밥과 가지 건더기 3-4 조각이 떠있는 된장국물이 전부였다. 그러나 산해진미도 이에 미치지는 못할 것이다. 그랬더니 같은 감방에 있던 모

(某)씨의 "무얼 그런 말을 하는가." 하고 책망(?)아닌 힐난이 있었다. 내가 원했던 자비의 생일 축하연은 성공하지 못했다.

그런데 옆에서 박윤진 선생이 "진 선생님. 자아 생일잔치 합시다. 이것 좀 잡수시오." 하고 아침식사로 배급받은 콩밥 한 그릇을 내밀었다. 순간 나는 박 선생의 말에 크게 감동하였다. 콩밥 한 그릇, 먹지 못하면 생명을 잃게 되는 콩밥 한 그릇!

"아닙니다. 박 선생 잡수시오. 나는 내 밥이 있습니다."

"아닙니다. 진 선생의 생일잔치로 드리는 것입니다. 나는 불교인이므로 식사 한 번쯤 굶어도 무방합니다. 어서 잡수십시오."

"아니요. 박 선생 잡수시오."

"아닙니다. 진 선생 잡수시오."

"아니 박 선생 잡수시오."

이렇게 콩밥 한 그릇이 여러 차례 왔다 갔다 하였다.

이러는 중 나의 보성전문 시절 제자이며 연합신문사의 편집부국장으로 재직 중 납북된 안 찬수 군의 목에서 꿀떡, 꿀떡 침 넘어 가는 소리가 내 귀에 들려왔다. 나는 서슴지 않고 "그럼 박 선생님의 모처럼의 호의로 내 제자에게 이 콩밥 절반만 먹게 하겠습니다. 안 찬수 군이 먹는 것은 내가 먹는 것과 마찬가지입니다."

그리고 안찬수군에게 "박 선생님의 호의니 안 군이 콩밥의 절반만 먹고 나머지는 박 선생에게 돌려드리게." 하였더니 안 군이 말하기를, "선생님! 선생님의 생일잔치로 인하여 오늘은 살았습니다. 정말 고맙습니다."라고 말하였다. 나는 박 선생님한테 생일선물로 받은 콩밥의 절반을 안 군에게 주고 나머지 절반을 박윤진 선생에게 돌려드렸다. 그랬더니 박 선생님은 "아니 진 선생 잡수시오. 염려 말고 잡수십시오."라고 사양하였다.

"아니 박 선생 잡수십시오."

이렇게 수차례 설왕설래하다가

"그럼 박 선생. 박 선생의 성의를 보아 내가 한 젓가락만 먹을테니, 나머지는 박 선생님 잡수시오." 라고 말하며 조금만 먹고 밥그릇을 돌려 드렸다.

그 후 얼마 안 되어 가지 된장국이 남았던 지 감방 안의 전원에게 아침, 점심, 저녁, 삼회에 걸쳐 배급이 있었다. 전혀 예상치 않았던 뜻밖의 일이 벌어진 것이다.

"오늘은 참으로 진선생의 생일잔치 날이다."

"진 선생은 복 있는 사람이다."

축하의 말들이 쏟아졌다. 콩밥과 두 세 조각의 가지 건더기가 들어있는 된장 국, 그리고 박윤진 선생님의 눈물겨운 선물로 나의 생일잔치를 성대히 치렀다.

나는 천행으로 그해 시월 십일 밤 평양감옥소를 탈출하여 대동군 임원면 기암리 산굴에 십 여일 숨어 있다가, 시월 삼십일 다시는 돌아오지 못할 것이라고 생각하던 나의 고향인 서울, 나의 처자가 있는 서울 돈암동 내 집으로 살아 돌아왔다. 나의 제자에 의해 6월 28일에 납치되었다가 4개월 3일 만인 10월 30일에 자유천지로 돌아왔다. 돌아와서 돈암동도 보고, 종로도 보고 을지로도 다시 보았다.

생명과도 바꿀 수 없는 양재기의 콩밥! 매년 7월 10일 나의 생일이 돌아올 때마다 평양감옥소 안의 나의 생일잔치와 박윤진 선생님이 생각난다. 나는 살아 돌아왔건만 박윤진 교수는 언제나 돌아 오실런가? 내 생명이 있는 한, 생일날이 돌아오는 한, 생일날 먹던 콩밥과 박윤진 선생님의 생일선물이 영원히 뇌리에서 사라지지 않을 것이다. 박 선생님께서 살아 돌아오셔서 서울 내 집에서 나의 생일잔치를, 박 선생님 댁에서 박 선생님의 생일잔치를 양 가족이 모두 모여 마음껏 치르고 싶다.

그 감방 안에서 신음하던 여러분들과 박 선생님의 건강과 안녕을 기원하며 부디 행운이 깃들기를 축원하여 마지않는다.

–서울, 고시위원장실에서, 진승록 씀

**진 승 록** 陳承祿
전 서울법대 학장

# 해설

진 미 경

위 글은 『신천지』 제 9권 1호(1954 신년 특대호), pp. 209-211에 선친 진승록 교수가 6.25 전쟁 당시 평양 감옥에서 함께 억류되었던 박윤진 교수를 회고하면서 쓴 글이다. 선친 옥계(玉溪) 진승록(陳承錄, 1905~1985)교수는 1950년 6.25 전쟁 당시 서울대 법대 3대 학장이셨다. 한국 최초의 민법학자인 선친이 6.25 전쟁 때 납북되었다 구사일생으로 살아 돌아와 1954년에 발표한 글이다. 이 글에는 내일 목숨이 어찌 될 지 모르는 경각의 절박한 순간에서도 평양 감방 납북인사들 사이에서 피어났던 휴머니즘이 생생하게 묘사되어 큰 감동을 준다.

진승록 교수는 일본 와세다대학교 법과를 졸업하고, 고려대 법대 교수와 서울대 법대학장, 고시위원장을 지내셨다. 해방 후 한글로 된 최초의 민법학서인 '민법총칙 상권'(1944)을 비롯하여 '민법총론',' 물권법', '담보물권법', '채권총론', '채권각론' 등을 저술하셨다.

김성칠 교수의 <역사 앞에서>(창작과 비평사, 1993) 282쪽에 이런 구절이 나온다. "신승록이란 사람이 있다. 그는 오랫동안 보성전문에서 교편을 잡았었고 6.25 때는 법과대학 학장으로 있었다. 그는 자기가 가르친 학생들의 손으로 붙잡혀가서 역시 자기가 가르친 학생의 구원으로 살아나왔다 한다. 교원생활의 슬픔도 기쁨도 이러한데 있지 않을까 싶다(1950.11.18)"

필자는 진승록 교수의 세 딸 중 늦둥이 막내이다. 여러모로 부족한 필자가 미국에 유학하여 박사학위를 받고 교수가 될 수 있었던 것은 전적으로 아버지가 어릴 때부터 가르치고 인도해주신 덕택이라고 생각한다. 아들이 없던 관계로 아버지가 돌아가신 후 아버지의 뒤를 이어 교수가 된 필자가 아버지의 유품을 소장하게 되었다. 그 이유는 언젠가는 법학자로서의 업적을 조명하고, 건국초기 법전편찬위원으로 활동하시고, 조선법학회를 설립하여 회장을 맡으시고, 고시위원장으로 재직하면서 신생 독립국가 출범과 정착에 기여한 업적을 기리고 싶었기 때문이다. 그동안 공부하고 아이들 키우느라고, 또한 필자의 능력부족으로 차일피일 미루면서 아버지에 대한 자료를 정리하고 재조명하는 일들이 지연되었다. 이제 더 이상 늦출 수 없다는 생각에 아버지가 쓰신 이 수필을 먼저 세상에 알린다. 필자의 염원은 선친의 민법이론이 어느 학자에게 어떻게 계승되고 발전되었는지를 밝히는 데 있다. 아버지를 알고 계신 분이나, 추억을 갖고 계신 분들, 아버지의 민법이론이 어떻게 계승되었는지 알고 계신 분들은 연락주시기 바랍니다. 아버지의 글이 세상에 빛을 볼 수 있게 도와주신 서울대 법대 최종고 교수님과 법대 문우회 회원님들께 심심한 감사를 드립니다.

**진 미 경**

아주대학교 정치외교학과 교수

mkmkchin@naver.com

# 남방기행(南方紀行)

김 성 칠

요사이는 어인 일인지 밤마다 솟적새가 운다. 울어도 제법 능청스러 오래오랫동안 아주 내가 잠들기까지 울기를 며칠을 두고 그리워한다.

이름은 비록 한재일망정 그래도 앞으로 영산강의 지류를 내다보고 사는 대라천 평야의 구석진 한모퉁이다. 이름만 듣고 이곳 지리에 소경인 동무가 글월로써 그 두메산골에 범이 무섭지 않느냐고 나의 한재(大峙) 유적(流謫)을 가엾어함은 그의 진작 개를 주어버리지 못한 익살궂음 때문이지 그렇다고 한재가 뭐 본시부터 솟적새가 깃들이기에 알맞은 그러한 산촌이 아니다. 이것은 결코 내가 산다고 한재를 돋구어 말하는 것이 아니고 실지로 와본 사람이면 설사 외눈박이일지라도 그런데도 올봄부터 유독 4월을 접어들면서부터 밤마다 그 알량한 솟적새가 길 잃은 설움을 하소연하다니. 그야 아니 할 말로 소쩍새나라에 인구과잉이란 달갑지 않은 현상이 생겨서 자기네들이 옛 고장만으론 호구(糊口)할 길이 없어 신천지에 진출하여 온 것인지, 또 혹은 몹쓸 맹수부대에게 피습되어 고국을 잃고 여기까지 유랑해 온 것인지 물을 길이 없지만 애꿎은 한재가 소쩍새의 고장이 되다니. 그럴 리는 없을 것이고 필시 소쩍새 중에도 지지리 못생긴 솟적새가 봄바람에 흥을 못 이겨 만연히 둥지를 나왔다가 돌아갈 길을 잃고 이 지경을 헤매는 것일 게다. 그러기에 저렇듯 밤마다 목청을 돋워가며 구슬피 우는 게 아닐까.

솟적새의 울음소리에 가슴의 시름 더욱 새로워 정처없이 훨얼훨 가보고싶은 마음, 어디 바다에라도 떠서 마음껏 대양을 호흡해보고 싶은 마음에 초솔한 여장(旅裝)을 꾸리고 나선 것이 탐라행이다.

간밤의 단비가 개이고 보리잎이 더욱 우쭐거리는 4월 어느 날 며칠 동안이나마 속무(俗務)를 벗어버리고 비 뒤의 맑은 공기를 마시며 지나가는 차를 주워 타니 한결 마음이 가뜬하여 휘파람이라도 불고싶은 지경이다. 차가 얼마를 달려서 산길에 이르니 양안(兩岸) 산협(山峽)엔 진달래가 한물이어서 산색이 왼통 분홍빛으로 변하였다. 비탈지고 외로운 산모통이길을 꽃등치가 움직이는가 하여 자세히 보면 진달래를 한 아름 꺾은 산촌의 아이다.

대지엔 바야흐로 봄빛이 무르녹다. 한겨울 소조하게 보이는 무덤에도 잔디가 자라나서 푸른 빛이 짙고 그 사이에 오다가다 이름 없는 꽃이 피어나서 미풍에 나부끼는 양이 보인다. 지난해 너무 가물어서 잔디가 말라버린 채 다시 살아날 것 같지 않던 어머님의 무덤은 지금쯤 어떠한지 불초한 자식이 외로 돌아다니노라 그것마저 모름을 생각하니 하염없는 슬픔에 문득 앞이 어두워지고 흘러내리는 눈물을 억제하려니 목이 꽉 맥히는 것 같다.

장성에서 호남선 열차에 몸을 실은 것은 열한시 조금 전. 곳곳에 산을 헐어놓은 산곡의 광산을 건너다보며 전라선의 분기점 송정리를 지나니 질편한 나부평야에 농사준비가 한창이다. 못자리를 장만하렴인지 여기저기 논에 물을 끌어들이고 있다. 어느 듯 못자리할 시절인가 생각하니 작년 이맘때 일이 다시금 슬픔을 자아내게 한다.

그만해도 남쪽인 때문인지 보리가 벌써 가락을 잡는다. 그러나 추비(追肥) 부족으로 잘 자라지 못하고 그나마 빛깔이 히끄므레한 것이 이지음서 흔히 볼 수 있는 농부의 얼굴과도 같이 영양불량인 것이 확실하다. 작년의 흉작을 뒤이어 보리마저 이 모양이니 지나가는 길손일망정 마음이 서글픈데 거기에 목숨을 걸어놓은 농민의 가슴이 얼마나 쓰라리랴. 나물죽으로 속이 허전한 아이들이 설날을 기다리듯 보리 먹을 날은 기다릴 일이 눈앞에 선 하다.

나주서 내려 읍에 드니 마침 장날인 것 같다. 시장은 서문에서 시작하여 그 밖인데 떡장수가 모여 있는 바로 서문(西門) 문루(門樓) 위에는 옛날의 시반(時磐)인듯한 큰북이 달려있고 엿판을 벌려놓은 문안 행로 가에는 금성토평비를 비롯하여 목민관의 선정비(善政碑)가 늘어선 것을 보드라도 지난날의 웅부(雄府)임이 짐작된다.

서문을 지나 시장에 들어가니 호남 거읍의 이름에 부끄럽지 않을 만치 상거래가 왕성하다. 흉년이라 그런지 떡 많은 것이 눈에 뜨이고 지금과 같은 시절에 유기(鍮器)가 예런듯 벌려져있는 것도 기이하게 보인다. 유기전 옆엔 수염을 허옇게 드리운 풍채 좋은 영감님 한 분이 누른 빛깔의 가마솥만치 큰 북을 앞에 놓고 앉았는데 기생의 퇴물임즉한 중년여인이 못내 그 북이 갖고 싶은 듯 그 앞을 서성거리다가 짐짓 손으로 퉁기어보고는 단번에 흥겨운 듯이 어깨를 우쭐거리는 품이 우습다.

집신 삼신 나막신 가죽신 같은 한 세기 묵은 상품들이 새로이 등장한 것은 어제 오늘의 일이 아니고 비단 이곳에서만 볼 수 있는 특수 현상도 아니지만 구식관암(舊式冠岩)이 버젓하게 상품행세를 하고 있는 것은 오늘 여주 장에서 처음으로 보는 일이다. 쌀이 비록 품질은 좋지 못할망정 듬뿍 쌓여서 한 되 42전이란 푯말이 한가운데 세워져있는 것도 든든하게 보인다.

그밖에 농사철이 가까우니 씨앗과 농기구가 많고 지방에 과수원이 많으니 과일이 유별나고 바다가 그리 멀지않으니 어물이 흔하고 지

물(紙物)과 죽기(竹器)의 특산지가 도내에 있으매 그런 것들도 한몫 끼어있는 것은 그럼직한 일이다.

사장을 한 바퀴 돌고 나와서 벚꽃이 떨어지는 군청 구내에 쓸쓸하게 서있는 한 쌍의 5층 석탑을 찾았다. 방형(方形) 화강석의 아홉자 남짓한 키가 그리 높지는 않으나 단아한 품이 시속의 예술품과는 자별하다. 자잘구레한 기교를 베풀지 않은 수수한 수법이 그대로 옛날의 그윽한 향기를 품은듯하다. 지방사람들의 말을 들으면 본시 북문밖 금성산록에 있던 것을 지난 을묘년에 이곳으로 옮겼다니 여기서도 우리는 단처(短處)한 사람들의 무분별을 안타까워할 뿐이다.

군청서 남으로 한마당 거리나 나가면 융희연대에 세웠다는 묵은 돌다리가 있고 거기서 오른손 편으로 고개를 돌리면 고색창연한 돌비가 남의 집 뒤원일듯한 바로 처마 가까이 서있는 것이 보인다. 다리는 금성교이고 비는 김천일 장군의 정열사비(旌烈祠碑)이다. 천계 6년 4월의 건립이라니 인조 3년 병인 지금부터 315년 전에 세운 것이언만 풍마우세(風磨雨洗)에 부대끼어 비명은 안보이는 곳이 보이는 곳보다 많아졌다. 명문은 일세의 문장 계곡 장유(張維)가 쓴 글이다. 충신의사의 열혈사적을 대문장이 기술하였으매 그 내용은 필시 범연한 것이 아니겠지만 보이지않는 것이 한이다. 다만 첫머리에 "월십사년호남사 인위공립사우나주사성강어조사액왈정열(越十四年湖南士人爲公立祠于羅州祠成講於朝賜額曰旌烈)"이 대문에 또렷하다. 남은 글자만이라도 탁본했으면 좋으련만 겨를이 없어서 영산포 가는 버스를 주워타다.

영산포는 아직도 신흥기분이 가시지 않는 곳이다. 마침 하학하고 돌아가는 여학교 생도들의 몸맵시와 재잘거림을 보고 드러도 그래 보아서인지 모르지만 점잖은 집 큰 애기의 풍도(風度)는 없고 수채

돈푼이나 모은 상인(商人)집 말괄량이의 행색이다. 내가 간 시간이 공교로이 서해안의 만기(滿潮)이고 그래서 도도히 역류하는 영산강 물이 하두 탁하고 더럽고 한 때문만도 아니지만 여하튼 내가 본 영산포의 첫인상은 그리 좋은 것이 아니었다.

(이 글은 제주도기행의 서두입니다. 전임(轉任) 통에 바빠서 원고 쓸 틈이 없으므로 우선 이거러도 잘러 보내서 새책(塞責)할까 합니다. 본문은 다른 잡지 8월호에 실릴 것입니다. 위원 제형의 수고를 매양 감사하여 마지않습니다. 경향각지에 흩어져있는 여러 동무의 건강을 빕니다)

**김 성 칠** 金聖七
전 서울대 교수

# 해설

최 종 고

이 글은 경성법학전문학교 출신으로 서울대 역사학과 교수가 된 김성칠(金聖七, 1913-1951)의 글이다. 1940년 8월 20일 발행한 <法專15同友誌> 제6호에 실린 글이다. 여기에 이런 김성칠의 '동창소식'이 실려있다. "2월 13일 고향 가던 길에 상경하여 일부일간 체류. 4월 초순 <대지> 교정 완료. 4월 하순 약1주일간 제주도 여행하였는데 "섬의 동백꽃과 탐라 비바리는 참으로 좋다"라고. 5월 18일 서울 온 사이에 영일군 장기 금융조합으로 전근발령되어 27일 부임. "장기 묵은 성터에 오르면 동해를 호흡할 수 있다. 포항에서 70리 정 기차로 한 시간. 산촌도 아니고 어촌도 아닌 비승비속의 곳이라 할까?"라는 단편 뉴스가 도착했다." 김성칠이 1937년 경성법전을 졸업하고 협동조합에 근무할 때 의 근황과 제주도 여행을 떠나 남도에서 본 풍경을 담담히 묘사한 수필임을 알 수 있다. 그의 생애와 문학과 역사학에 관하여는 본 호의 특집란에 소개하였다. 본문에서 당시의 농어촌의 실상을 눈에 보듯 읽을 수 있을 뿐 아니라 일제하 어려운 삶을 사는 민족에 대한 애절한 심정이 묻어난다.

# 여행기

Chapter 06

# 한국의 아름다운 해변 100곳 중에서 외 1편

이 대 황

바다를 좋아하는 사람들에게 권하고 싶은 두 권의 책이 있다. 간결하면서도 알찬 내용이 담긴 날씬한 Travel Book. 道별, 지역 별로 구성되어 있다. 우리나라에서 전국의 해수욕장과 그 주변을 이렇게 망라하여 다룬 것은 거의 없는 듯하다. 하나는 김영사 발행의 『바닷가 마을 100곳』 이고 다른 하나는 Tenbook 출판사에서 펴낸 『유쾌, 상쾌, 통쾌한 여행 책–해수욕장』 이다. 나중 것이 기술한 내용에 구체적인 것들이 많아 필자가 관심을 가진 책이다.

그러나 이것은 섭섭하게도 절판이 되었다 한다. 인터넷 서점을 통하여 중고 책을 살수 있다고 하니 다행스럽다.

여행에 관한 도서나 글은 집필자가 직접 방문하여 쓴 것이라야 실감이 나고 현장감이 있다고 생각한다. 언론이나 방송매체를 통하여 이미 널리 알려져 있고 상업화되어 있는 곳은 그만큼 발길이 많이 닿아 환경오염도 있고 호기심과 신비감이 반감될 수 있다.

어릴 적부터 바다를 동경하여 국내외 해변에 관련된 책과 지도를 모아 왔다. 위에 소개한 두 책은 나의 이러한 생각에 어느 정도 부합되는 듯하다. 물론 이 책에도 우리에게 많이 알려진 바닷가도 여러 곳 실려 있다. 마침, 별로 알려지지 않았고 때가 덜 묻은, 내가 언제나 다시 가고 싶은 두 곳이 두 책에 모두 기술된 것에 주목하게 되었다.

그 하나는 강원도 양양군 현남面 남애리(南崖里)이고  다른 곳은 경남 거제市 남부面 저구里에 있는 명사십리(明砂十里)이다. 명사십리라는 이름은 다른 곳에도 있다. 북한 원산 송도원 해수욕장에 있는 해변이 하나이고  전남 완도에도 있다. 그 이외 다른 곳에도 몇 개 있으나 대표적인 것은 위에 말한 세 곳 이다.

우리의 산하(山河)는 아름다움으로 가득 차 있어 자랑하고 싶다. 이러한 천혜의 환경을 훼손되지 않도록 온 국민이 하나가 되어 보존토록 합시다.

한번 파괴된 자연환경은 원상회복이 불가능하여 후손들에게 치유할 수없는 여러 가지 재앙을 불러다 준다. 상업주의에 편승하여 이 제한된 작은  국토를 개발하다 보면 亂개발이 되어 Hong Kong 처럼 슬럼化될 가능성을  배제할 수 없다. 결국, 한국의 정서와 정치 체제로 보아 이 나라 대통령의 환경보호 의지와 결단에  달려 있다고 보아야 한다. 필자가 수년전 렌트카로 다녀온 두 곳의 기억을 되살리며 적어 본다.

## 1. 남애리

강릉에서 북쪽으로 약 30km 떨어진 곳이며 7번 국도로 동해안을 끼고 주문진港을 지나 주행하면 남애港에 도달한다. 멀리서 보이는 남애港의 빨강 등대가 인상적이다. 7번 국도는 남쪽의 부산 시청 앞에서 시작하여 동해안을 따라 포항, 영덕, 울진, 삼척, 강릉, 양양, 속

▲ 남애리

초를 거쳐 북쪽의 강원도 고성郡에 있는 통일전망대까지 長長 500km의 해안도로 이다. 도로의 주변에는 맑은 해변과 절경이 목걸이처럼 줄지어 있어 지나칠 때마다 우리에게 잔잔한 감동을 준다.

이중에서 이색적인 곳은 남애리-38휴게소 구간이다. 이 가운데 약 10km 직선도로에서 동해의 수평선과 자동차가 거의 같은 높이로 달린다. 마치, 바다위에서 운전을 하는듯한 착각에 빠지기도 한다.

남애里는 본래 어촌이었는데 천부의 자연환경으로 재조명되기 시작한 해변 마을로 동해의 寶庫이자 작은 美港이다. 이곳에는 두 개의 모래 해수욕장이 나란히 있는데 이중 하나는 해변길이가 약 1km이고 폭이 약 200m나 된다. 오염이 덜되고 수심이 완만하며 안전한 바다이다.

[동해안 북부]

아침 일찍 어항에 나가면 막 입항한 어선에서 내려놓은 오징어 등 신선한 활어들을 볼 수 있으며 싼값에 살 수 있다.

## 2. 거제도 명사십리

멸치 産地로 유넝한 경남 통영에서 거제대교(두개의 다리가 나란히 놓여있다. 거제대교 1971년 완공, 新거제대교 1999년 개통)를 건너면 제주도 다음으로 큰 섬 거제도에 진입한다. 섬 이라기보다는 거대한 육지로 보인다. 거제도 동해안은 일찍이 개발되어 산업화되어있고 서해안은 거의 개발이 안 되어 오히려 볼 것이 더 많은 것 같다.

거제대교에서 시작하는 1018번 국도를 따라 서해안 남쪽으로 내려가면 리아스式 해안의 발달로 생성된 절벽과 바다를 내려다보며

주요 관광지와 펜션의 위치안내
해안선이 아름다운곳(한려수도)
주요 특징설명
주요 펜션/민박 위치(주요관광지)
( 따라 해안도로 드라이브코스 )
주요 교차로
와현해수욕장부터
해금강까지 해안도로
해변에서 외도해상농원
바다풍경입니다.
한려해상국립공원은
구조라해수욕장 부터
저구,홍포 까지 입니다
장승포에는
부산가는 쾌속
터미널과 시외
등이 위치
구영해수욕장
카페리선착장
상유
황포해수욕장
송진포
어온리
장목
농소몽돌해수욕장
칠천도
실전
카페리선착장
칠천연육교
이수도
시방
흥남해수욕장
유계
하청
대금산
연초댐
한내모감주숲
가조도
외포
김영삼생가
대계
덕포
덕포해수욕장
옥포대첩기념공원
성포
윈드써핑
삼성중공업
연초삼거리
여객선터미널
신거제대교
사곡삼거리
옥포
옥포여객선터미널
시외버스터미널
옥포삼거리
견내량
고인돌
거제대교
시청
고현
시내번화가
대우조선
능포
유지
아주동
시내번화가
장승포
장승포유람
지심도 도선
여객선터미
포로수용소유적공원
거제면
소동
옥림몽돌해수욕장
기성관
문동폭포
윈드써핑
거제어촌민속박물관
해안선이
아름다운
하둔
둔덕
죽림해수욕장
지연
예술랜드
구천삼거리
지세포
법동
소랑
동부
어구
산달도
연담
자동차극장
망치
몽돌해변
구조라해수욕장
모래해변
와현
와현해수욕장
지심
공고지
노자산
자연휴양림
해강도예예술학교
도자기체험교실
민박운영
수산
탑포
내도
서이말등
학동
학동몽돌해수욕장
학동 유람선
외도해상농원
해상식물원
겨울연가 20회 촬영지
남부면
가라산
도장포 유람선
해안선이 아름다운곳
바람의언덕
해금강
드라이브코스
다대에서 여차로 들어가서
저구로 나오면 됩니다.
또는 반대로 나오면 됩니다.
저구
다대
해금강전망대
해금강 유람선
함목해수욕장
갈곶도
명사해수욕장
모래해수욕장
해금강/여차/홍포
해금강 에는 신선대 전망대와 바람의언덕
유람선터미널 두곳 함목몽돌해수욕장 등이
바다전망이 빼어난 곳입니다.
여차와 홍포는 대,소병대도와 매물도등 섬이
듯한 풍경을 연출하는곳입니다.
대포마을
망산
해안선이 아름다운곳
여차
홍포
비포장 도라이브길
매물도
대소병대도

달린다. 약 30m 낭떠러지 아래에는 바닷물에 적셔진 몽돌(자갈)이 햇살에 반사되어 마치 보석처럼 빛나고 있다. 이탈리아 남쪽의 Ama lfi 해안이 생각나는데 이와 견줄 만한 우리의 자랑거리이다.

약 35km 주행하면 남부면 저구里가 나온다. 여기가 바로 명사 해변이다. 바닷물 깊이가 완만하고 해변이 아늑하다. 그래서 옛 부터 **[거제의 명사십리]**라고 불리운다. 明砂라는 글자대로 모래가 맑고 부드러워 어린이들이 좋아할 것 같다. 거제의 유명 해수욕장들과 달리 유명세를 덜 탄 이곳의 소박한 점이 더 마음을 끌게 한다. 거제도의 대부분 해변이 몽돌(자갈)로 깔려 있는데 이곳은 부드러운 모래사장이다. 동네에서 모래사장 방향으로 자은 운동장이 보이는데 명사 초등학교라고 한다. 학교의 정문이 바다를 向하고 있다. 전국에서 바다와 가장 가까운 학교라 한다. 이곳에서 아이들은 바다만큼 큰 꿈을 키우고 있을 것 같다. 인상에 남는 학교이다.

거제도

# 다시 가보는 淸風面

충북 제천市에서 82번 국도를 따라 남쪽으로 약 25Km 가면 淸風나루 와 청풍面이 있다. 대대로 논 보다는 밭농사를 지어온 곳으로 주변경관이 비교적 수려하였다. 그러나 현재는 충주호 개발에 따라 청풍면의 대부분이 수몰(水沒)되었으며 청풍나루에 새로 건립된 청풍문화재단의 전시물이 과거의 모습을 보여 줄 뿐이다.

청풍나루에서 청풍대교를 건너지 않고 좌회전하여 동쪽으로 초원의 길을 6Km 가면 청풍면 陵江里가 나온다. 여기에서 능강 계곡을

따라 북쪽으로 5Km 山行하면 사찰이 나오는데 이곳이 淨芳寺 이다. 소백산맥의 줄기에 위치한 탓에 山勢가 험하다.

대학 2학년 때 동급생 J와 함께 여름방학을 이용하여 약 3개월간 공부하러 머물렀던 사찰이다. 俗世를 잠시 떠나 시험 준비에 몰두하기 위하여  이런 오지(奧地)로 오게 되었다. 마침 淸州 출신 J는 전국의 사찰에 대하여 식견이 넓어 그의 의견에 따라 선정된 곳이다. 비구승들만 있는 절로 산세가 워낙 사나워 6.25 전쟁 때 북한군이 아예 올라오지도 못한 곳 이었다고 주지가 설명해준 기억이 난다.

대학 졸업 후 알게 된 일이지만 정방寺에 오르는 돌계단이 모두 200여개인데 전국의 사찰 중에서 가장 많은 계단이 있는 名刹로 서울의 조계종 사무국에 등록되어 있다고 한다.

무거운 책가방을 등에 메고 정방寺로 가기 위하여 제천行 중앙線 기차를 서울驛에서 타던 일이 바로 어제 같기도 하다. 많은 세월이 흐른 후 청풍面을 다시 지나면서 회의와 번민에 싸여 있던 학창시절이 불현듯 떠오른다.

한편, J는 대학 졸업 후 검찰界에 입문하여 청주지검 검사장과 인천지검 검사장을 끝으로 검찰을 떠나 지금 서울에서 변호사 개업을 하고 있다

**이 대 황**

16회

토탈 해운 주식회사 대표이사

저서 『낙산의 둥지 떠나 반 백년』(공저) 『6.25와 나』(공저)

totalmarine@naver.com

# 기초가 되어있지 않은 나라, 대한민국

## 서해안, 잠 잘 곳 없는 해수욕장 지대, 아산에서 무창포까지

김 영 수

### 1) 아산 온천지대

온천물이 좋다고 사람들이 얘기하여 2007년 11월 아산 온천엘 갔다. 홍성에 성묘하러 내려가는 길에 들른 것이다. 들어갈 만한 호텔을 찾다가 그런대로 깨끗해 보이는 호텔을 하나 보고 그리 들어갔다. 이름은 아산 온천 호텔이었다. 객실 요금을 물어 보고 키를 받아 방으로 들어가려다가 선불을 해 달라고 하여 잠시 멈칫거리는 동안 우연히 게시된 한 문구가 보였다. 온천욕 요금표이었다. 나는 의아심이 생겨 물었다, 객실 요금 이외에 온천욕 요금을 따로 내야 하는가 물었다. 답변은 객실요금과 별개로 온천욕을 할 때마다 매번 온천 욕 요금을 별도로 지불해야 한다는 것이었다. 나는 으아 했다. 온천에 오는 이유는 온천욕을 하러 오는 것인데 그렇다면 방에 있는 욕탕에 온천수가 공급되는가 하고 물었다. 답은 아니라는 것이었다. 그렇다면 온천을 하러 오는 사람들이 숙박료 따로 온천욕 요금 따로 내어야 한다는 말인가? 그 호텔은 온천 욕장이 따로 있어 온천욕을 하려면 반드시 방을 나와 프런트에 요금을 지불하고 욕장으로 가야만이 온천욕을 할 수 있도록 구성 되어 있었다. 일본의 어느 온천 여관엘 가도 숙박비와 별도로 온천욕을 할 때마다 목욕 요금을 내라고 하는 여관은 본 일이 없다. 나는 그날 그냥 그 온천 호텔을 나왔다.

## 2)무창포

아산 온천 지대를 나온 나는 잠 잘 곳을 찾아야 했다. 그래서 고속도로로 남행하다가 무창포 표지를 보고 I/C를 내려와 마을로 들어갔다. 20 여 년 전 와 보았던 한적한 바닷가는 많은 집들이 들어 선 마을로 바뀌어 있었다. 숙박할 곳을 찾아다니던 중 바다에 면한 한 호텔에 영화 촬영 장소라고 현수막이 걸려 있는 것이 보였다. 제법 깨끗해 보이는 5-6 층 현대식 빌딩이었다. 나는 그 호텔로 들어갔다. 손 하나 들여보낼 정도의 구멍이 뚫려 있는 작은 접수구가 있었다. 방이 있는가 하고 안을 향해 물었더니 방 요금을 얘기 하는 소리가 들리는데 사람은 보이지 않고 열쇠 하나가 창구로 나오며 숙박료를 선불 해 달라는 소리가 들린다. 나는 또다시 그 곳을 나왔다. 얼굴은 보이지 않고 손만 나와 손님에게서 돈을 받아가고 열쇠를 내어

주는 식으로 고객 관계를 유지하는 그 곳에 더 있을 수가 없었던 것이다.

## 3)대천 해수욕장

나는 대천 해수욕장에 가면 더 좋은 숙박 시설이 있을 것 같아 다시 고속도로를 타고 오던 길을 거슬러 올라갔다. 대천 I/C에서 내리며 집표원에게 호텔 좋은 곳을 물으니 좋고 나쁘고는 얘기 할 수 없고 단지 최근에 개업 한 호텔이 있으니 한 번 가보려면 가 보라고 그 위치를 알려준다. 그 곳은 외국 식 이름을 갖고 있는 호텔이었는데 집표원의 발음만으로는 얼른 그 뜻이 떠오르지 아니하였으나 해수욕장 못 미쳐 길 오른 쪽에 있는 새로 지은 호텔이라는 것은 확실해서 그 호텔을 찾아 나섰다. 얼마 안가 나는 길 오른 쪽에 새로 지은 제법 큰 빌딩을 하나 발견하게 된다. 그곳에는 La Grande Fun Beach hotel이라고 쓰여 있었다. 나는 프런트로 들어가는 입구를 찾아 한참 동안 주변을 돌고 돌았다. 입구로 보이는 곳이 있었는데 이상하게도 아무리 보아도 차를 댈 곳이 없다. 체크인을 하려면 프런트 가까운 곳에 일단 차를 대고 차가 서면 접객요원이 나와 가방을 받고 인사를 하는 호텔에만 익숙해 있던 나에게 그 호텔은 너무나 이상 하였던 것이다. 물어 볼 사람도 나와 있지 아니하여 한 참을 그렇게 보내다가 하는 수 없어 차를 길에 세우고 빌딩 안으로 걸어 들어가니 제법 깨끗한 홀이 나오고 한 옆에 프런트로 보이는 곳이 있고 그 곳에 사람들이 서있는 것이 보인다. 나는 물었다. 체크인을 하고 싶은데 차를 어디에 주차하는가를 물었던 것이다. 그 호텔에는 좀 떨어진 곳에 별도의 주차장이 있었다. 그곳에 주차하고 가방을 끌고 걸어서 빌딩으로 들어오는 문을 열고 들어와 프런트에서 체크인을 한다는 것이었다. 비가 와도 전혀 피 할 길이 없는 공간을 수 분 걸어야 건물 안으로 들어올 수 있게 구조가 되어 있었다. 실제로 그 다음날 체크아웃을 할 때에 비가 왔는데 나는 비를 맞으며 뛰어서 주차장으로 가야 만 했다. 우산도 전혀 준비 된 것이 없었다. 호텔 방은 깨끗하고 잘 정돈 되어 있었다.

우리 부부 이외에 아무도 없는 식당에서 저녁 식사를 하고 해변을 걷고 싶어 밖으로 나왔다. 해변까지는 몇 개의 도로를 건너야 하였는데 호객하는 사람들이 줄지어 서있으며 자기 식당으로 오라고 한다. 주변은 온통 조개구이집과 횟집 그리고 노래방들로 가득했다. 해변으로 나오니 백사장 못 미쳐 시멘트 구조물이 백사장과 도로 사이에 방벽처럼 설치되어 있었다. 조용히 어두움이 내려오는 송림 속 백사장에서 파도 소리를 듣고 싶어 찾아온 나를 맞는 것은 시멘트 방벽과 번쩍이는 횟집 네온사인, 그리고 여기저기서 밤하늘로 쏘아 올리는 장난감 불꽃놀이의 소음이었다. 그 소음에 가려 백사장에 부딪치는 파도 소리는 들리지 않았다. 작은 광장이 있었는데 광장의 중앙에는 관광 안내 표지가 화살표 형태로 설치되어 있었다. 그 내용은 버스 정류장, 화장실, 공중전화 부스, 약국 등의 소재를 알리는 방향 표지였는데 놀랍게도 한글은 한 글자도 없이 전부 영어로 표기 되어 있었다. Bus stop, toilet, public telephone, drug store등 열 개 가까운 표지가 전부 영어로만 되어 있는 것이었다. 나는 주변을 살펴보았다. 광장을 메우다시피 한 사람들 가운데 외국인들은 단 두 명이 있었고 나머지는 전부 내국인 이었다. 왜 한글 표지는 없는가? 고객이 누구인지에 대하여 전혀 생각이 없는 것이다. 대부분의 고객층인 내국인들에 대하여 전혀 배려가 없는 것이었다.

다음 날 아침 새벽에 일어나 밖으로 나오니 거리는 쓰레기가 여기

저기 널려 있었고 심지어는 쓰레기 투기를 금지하는 팻말 앞에도 쓰레기는 쌓여 있었다. 마치 이른 아침 맨해튼의 차이나타운 쓰레기 더미 속을 걷는 기분이었다. 나는 서둘러 해 변으로 나왔다. 어제 보았던 광장에도 쓰레기는 여기 저기 널려 있었고 뿌옇게 밝아오는 새벽빛에 보이는 횟집들은 그 자체가 하나의 쓰레기였다. 도저히 그 앞을 걸어 다닐 수가 없었다. 수많은 관광객이 찾는 호놀룰루처럼 깨끗하고 번듯하게 그리고 아름답게 해놓을 수는 없는 것인가? 호놀룰루의 집들은 그 자체가 자연적 아름다움을 더 아름답게 한다. 이 곳은 자연의 아름다움을 인간들이 훼손하고 있는 현장이었다. 관광지가 아니라 오는 관광객을 쫓아내는 현장이었다. 젊은 시절 석양을 보며 자연에 대한 찬탄에 젖던 대천해수욕장은 어디에도 찾아볼 수가 없었다. 정부는 무엇을 하고 있는가?

## 4) 양평에서 거제도 찾아가는 길

2007년 12월 나는 거제 앞 바다에 있는 외도의 정원 사진 한 장을 구해야 할 필요가 있어 길을 떠났다. 사진 한 장을 구하려고 몇 번씩 편지를 보내도 답변조차 없었던 때문에 먼 길을 떠나야 했던 것이다. 양평 세월리에서 여주까지는 여러 번 다녀 본 자동차 전용도로가 있어서 별 걱정 없이 차를 운전해서 자동차전용도로로 들어섰다. 이 전용도로로는 주로 원주방향 만을 다녀 보았기 때문에 여주쪽은 다소 의문이 갔으나 여주 I/C를 찾는 데는 문제가 없을 것으로 생각 했다. 나는 이 I/C 표지가 멀리서부터 되어 있을 것으로 생각했다. 한참을 가다 보니 여주 방향의 표지가 나온다. 그 길로 내려가야 할지 I/C 표지가 나올 때까지 더 가야 할지 판단이 서지 않아 잠시 혼란을 겪고 있는 동안 차는 그만 여주방향 출구를 지나쳐버렸다. 한

참을 더 가도 I/C표지는 없고 가남과 장호원 방향 표지와 함께 여주 표지가 또 나온다. 그제서야 무엇인가 잘못되어 간다고 생각 되어 여주 방향으로 회전 하였다. 한참을 가도 역시 I/C표지는 나오지 않는다. 나는 영동 고속도로를 타고 다시 중부 내륙 고속도를 타야 할 형편이었던 것이니 여주I/C를 반드시 거쳐야 할 입장이었다. 하는 수 없어 여러 사람들에게 물어물어 여주 I/C에 도달 했다. 막상 여주 I/C에 도달하니 중부 내륙 고속도로 남행 방향이 서울 쪽인지 원주 쪽인지를 모르겠다. 고속도로에 진입 하였으니 진행을 할 수 밖에 없던 나는 톨게이트를 지나 고속도로로 들어섰다. 조금 가니 작은 글씨로 중부 내륙 고속도로 표지가 서울 방향으로 나있다. 표지를 따라 드디어 남행 노선으로 들어섰다. 고속도로는 아름다운 자연 속에 건설 된 공원길이었다. 생각보다 훨씬 이르게 마산 근처에 이르게 되었다. 나는 다시 고민에 빠졌다. 남해 고속도로가 나오고 지명들이 여럿 나오는데 거제도 이름은 발견 할 수가 없었기 때문이다. 남해 고속도로를 타고 진주 쪽으로 가야 할 것으로 생각되어 진주 방향으로 들어섰다. 그런데 아무리 가도 거제도 표지가 나오지 않는다. 표지판에 남해가 나온다. 나는 그제서야 많이 지나쳐 왔다는 것을 알게 된다. 작년인가 남해에 와 본 일이 있었는데 그때 보니 남해는 전라도 여수와 접해 있었기 때문이다. 고속도로를 빠져나오며 집표원에게 거제도 방향을 물으니 삼천포항 쪽으로 가라는 것이다. 이 말 한 마디 때문에 나의 목적지 도착 시간은 두 시간 이상 지연되게 된다. 삼천포항 방향으로 진입하여도 여전히 거제도 표지는 없다. 경찰 관서를 찾으니 이 지서는 굳게 닫혀있다. 주변의 농협에 가서 물으니 고성을 지나 통영으로 가야 한다는 것이다. 고성을 지나도 거제도 사인은 여전히 없다. 우여 곡절 끝에 통영 부근에 도착하니 비로소 거제도 표지가 나온다. 내가 목적으로 한 장승포 방향 표지는 일찍부터 나온다. 그런데 이 표지는 있다가 없다가 한다. 가면서 보니 다른 표지가 나오는데 장승포 표지는 없어 이 길이 맞는 방향인지를 몇 번이나 고민하였다. 항구에는 마침 외도 행 마지막 배가 출항 직전이었다. 기쁜 마음으로 배에 오르니 선장이라는 사람이 안내 방송을 하는데 관광 안내는 거의 없고 오징어 판매에 열을 올린다. 말도 거칠어 마치 협박을 하는 것 같다.

외도 관광을 마치고 귀경하는데 대전 통영 간 고속도로를 타고 다시 중부 내륙 고속도로를 탈 생각이었다. 아무리 가도 중부내륙고속로와 연결되는 지점 표지가 없다. 결국 양평을 오는데 대전을 돌아 먼 여행을 하게 되었다. 고속도로 연결 방향을 표시 할 때 직 근 도로 만 표시를 했기 때문에 그 후 연결 가능한 도로의 방향은 알 수가 없었던 것이다. 나는 해외여행 시는 자동차를 렌트해서 다니는데 선진국에 가보면 표지만 보고도 갈 수 있을 정도이다. 고속도로의 연결은 몇 개의 고속도로를 바꾸어 타는 경우에도 다 미리 미리 표지가 나온다. 한 개의 출구에서 갈 수 있는 여러 곳의 지명이 근 원거리 할 것 없이 전부 나온다. 우리는 바로 인근의 지명 만 나온다. 지도를 머릿속에 환하게 그린 사람이 아니면 다닐 수가 없다. 아는 사람만 다닐 수 있는 길이 되어 버린 것이다.

### 5) 벽제의 중남미문화원 찾아가는 길

2008년 구정 연휴 때 나는 벽제에 있는 중남미문화원 찾았다. 사전에 전화를 걸어 위치를 물어보니 ARS로 위치를 알려준다. 고양 I/C에서 내려 의정부 방향으로 39번 국도를 타고 오다가 벽제 역 지나 약 500m지점에 표지판을 보고 좌회전하여 들어오면 된다고 하였다. 문제는 고양 I/C에서 내려서부터였다. I/C에서 내려오니 두 갈래 길이 나오는데 벽제표시가 없는 것이었고 39번 도로 표지는 보이지 않았다. 방향 감각 만으로 진행 하다 보니 의정부와 벽제 표지가 보인다. 그러나 39번 도로는 없었다. 한참 벽제 방향으로 진행 하며 오니 드디어 큰 길이 나오는데 바로 39번 도로였다. 벽제 역에 도착하였는데도 중남미 문화원 표지는 보이지 않는다. 여기저기서 세 번을 더 물어보고 난 후 의정부 방향으로 진행하니 비로소 표지가 보이고 좌회전 하게 되었다. 목적지인 듯 보이는 곳에 제법 커다란 주차장이 있다. 그러나 주차 할 곳이 없어서 한 참 헤매다 보니 문화원으로 보이는 집 인에 공간이 보인다. 그곳에는 주차 공간이 세 곳이 있고 그 중 둘이 비어 있다. 그 곳에 주차하고 매표를 한 후 미술관으로 들어가니 왼 쪽은 기념품점이고 오른 쪽이 미술관이다. 안내인이 있어 미술관부터 보라고 안내를 하는데 말투가 몹시 귀에 거슬린다. 안내가 아니라 강제로 한 쪽으로 보내려는 사람 같다. 진열 된 그림과 조각은 대단히 훌륭했다. 나도 남미를 여행 해 보았지만 이렇게 훌륭한 미술품들을 대하지 못하였는데 참으로 안목 높고 뜻이 있는 분이 오랜 세월 모아온 미술품들임이 분명했다. 존경의 염이 생긴다.

미술관 관람을 마치고 기념품점에서 남미의 공예품들을 사려고 돌아보는데 아름다운 목제 말 조각이 보인다. 금액을 물어보니 모르겠다고 하며 알아본다고 한다. 전화를 해보더니 50만원을 부른다. '대단히 고가구나'하고 생각하면서도 하도 아름다워 사려고 하였다. 사기 전에 말의 아래쪽을 보기 위해 보여 달라고 하니 말이 유리에 붙어 있어 떼기가 어렵다고 잠시 기다리라고 한다. 접착테이프로 유리에 붙여 놓았던 것이다. 나는 이상한 생각이 들었다. 첫째는 가격을 모르는 점이요. 둘째는 진열 장소가 이상하게 주된 진열장이 아니고 계산대의 뒤쪽 사람의 시선이 잘 미치지 않는 곳에 아름다운 조각품을 유리에 붙여 세워놓는 것이 미심적었다. 말을 받아 안 쪽을 살펴보니 말 머리 부분이 수리 한 흔적이 있고 일부가 깨어져 있었다. 점원에게 그 상태를 지적하니 놀라지도 않고 그러면 안 사시겠습니까 한다. 알고 있었던 것이다. 내가 그 흠을 간과하고 사갔으면 그냥 팔려고 하였던 것이다. 민속적인 향취가 있는 도자기를 하나 샀다. 그 도자기에도 수리를 한 흔적이 있었는데 물어보니 모르겠다고 한다. 두 개씩이나 물어보기만 하고 안 산다고 하기가 어려워 이번에는 그냥 하나 사왔으나 별로 유쾌하지가 않다. 마치 속아 산 것 같은 기분을 떨 칠 수가 없다.

문화원의 또 다른 한 쪽에는 박물관이 있었다. 흙으로 빚은 많은 중남미풍의 두상 들이 진열되어 있었다. 잘 모았고 잘 전시 되어 있다. 이 층으로 올라가니 다실이 있었는데 한 면의 벽의 거의 전면에 넓은 창이 나있어 밖의 경치가 내어다 보였으며 그곳에는 남미의 조각들이 또 전시 되어 있어서 아름다운 조화를 이루고 있었다. 무엇인가 조금 부족 하다는 생각이 드는 것은 아마도 겨울이라 나무 잎들이 없어 삭막 해 보이는 까닭이리라.

문화원을 나와 집으로 오는 길을 어떻게 할 까 생각하다가 올 때는 고양I/C에서 내렸으니 갈 때는 고양을 지나 송추 I/C에서 고속도로를 타자고 생각하고 39번 도로에서 송추 표지를 보며 좌회전을 하였다. 그런데 네 거리를 몇 개 지나니 송추 I/C표지는 없어지고 갑자기 양주 I/C표지가 나온다. 나는 당황했다. 어디선가 송추 쪽으로 가야 하는 길을 지나쳐 온 것으로 생각하고 다시 유턴을 하여 오던 길을 되돌아가며 송추 I/C 표지를 찾는데 출발점까지 다 와도 송추I/C로 빠지는 길 표시가 없다. 나는 무엇이 잘못되었는지 알 수가 없었다. 하는 수 없어 양주 I/C로 올라가기로 마음을 정하고 표지를 따라 진행 하다 보니 이것이 웬일인가! 다시 송추 I/C표지가 나타나는 것이었다. 이 무슨 작태인가? 그날 그 도로 표지는 나를 지치게 하였다. 고속도로는 잘 건설 되어 있는데 진입하는 표지는 이용객들에게 혼란을 주고 있다. 고속도로의 톨게이트의 매표원은 친절하게 인사를 한다. 한 쪽에서는 친절하게 선진국을 향하여 웃고 있고 한 쪽에서는 "아무렇게나" 속에 무표정하게 일 하고 있다. 그것이 우리의 현실이다.

## 6) 이효석의 「메밀꽃 필 무렵」 마을 찾아가는 길

영동 고속도로 상의 평창군의 한 곳에 이효석의 메밀 꽃 필 무렵의 현장인 봉평이 있는 것을 알고 영동 고속도로로 들어섰으나 평창을 지나 용평이 있는 횡계에 이르도록 아무런 안내판을 발견 하지 못하였다. 용평 리조트에 들어 와 프런트에 있는 강원도 안내 자료를 찾아 본 후에야 비로소 창평나들목으로 나가야 봉평이 있음을 알았다. 메밀 꽃 필 무렵의 현장은 관광 자원으로 널리 알려 진 곳인데 고속도로 상에는 어떠한 표지도 찾을 수 없었다. 장평 나들목을 들어선 것은 2009년 6월7일 이었다. 들어서자 말자 봉평의 표시가 보인다. 기다 잔글씨로 이효서문학관 표지도 써있는 것 같았으나 빨리 달리는 차 속에서 이를 읽을 수는 없었다. 장평 쪽으로 방향을 잡고 10분가량 달리니 근래에 새로 지은 듯한 다리가 나오고 이효석문학관 사인이 나온다. 다리를 건넜다. 길이 좌우로 나뉘는 곳에 도달 했으나 관광안내소 표지와 이효석 생가 표지가 있을 뿐, 이효석문학관 표지는 찾을 수가 없다. 차를 안내소 앞에 세우고 표지를 찾아 두리번 거리던 나의 눈에 물레방아간이 보이고 그 뒤로 이효석 문학관

가는 길이라고 쓰여진 팻말이 서 있는 것이 보인다. 산으로 올라가는 가파른 계단이 숲 속에 보인다.  그 계단으로 들어섰다. 헐떡거리며 수 십 계단을 올라가니 제법 큰 규모의 건물이 나온다. 잘 닦인 접근로가 반대편에 보인다. 접근을 위한 자동차 길이 있었던 것이다. 내려 올 때에는 그 길로 따라 내려 왔다. 오면서 보니 이효석 생가표지가 있어서 차를 픽업 한 후 다시 차를 타고 생가에 찾아갔다. 그런데 이상하다. 문학관 내부의 진열대에서 발견한 생가의 사진은 기와지붕이었는데 내가 찾아 간 생가는 초가지붕이었다. 나는 그 날 그 이유를 몰랐다. 용평 리조트에 돌아와 문학관에서 산 메밀 꽃 필 무렵을 펼친 나는 첫 머리에 소개된 봉평 안내를 읽으며 비로소 내가 본 집은 이효석의 생가가 아니고 그가 평양에 살 때 살 던 집을 재현 해 놓은 현장이었다는 사실을 알게 되었다. 그의 생가는 별도로 있었던 것이었다. 다음 날 나는 다시 이효석 마을을 찾았다. 그의 생가라 알고 있던 집을 지나니 또 하나의 생가가 나온다. 바로 기와지붕을 한 사진 속에 있던 집이었다. 원래는 초가지붕이었는데 현재의 집 주인이 집을 수리하며 플라스틱 기와를 올린 것이었다. 생가로 표시된 곳이 둘이었으니 혼란스러울 수밖에 없었던 것이다.

## 8) 순천 송광사를 찾아

모처럼 남쪽 바다를 찾아 여수에 머물던 나는 2009년 10월 10일 17번 도로를 따라 순천 송광사를 찾아 나섰다. 원래 계획은 17번 도로를 따라 오다가 호남 고속도로로 들어가 승주나들목에서 내려가려고 하였으나 고속도로 표지가 혼란스러워 그만 지나치고 말았다. 그래서 이 번에는 17번 도로로 계속 순천까지 가면 무슨 표지가 있겠지 하고 계속 나아갔더니 아니나 다를까 송광사며 낙안읍성 그리고 순천만 생태 공원 등의 표지가 한 번에 표기 되어 있는 표지가 보인다. 직진 표지가 있는 것이다. 나는 그 표지를 따라 계속 직진 하였다. 수 분 동안 운전해오니 이 번에는 순천만과 낙안민속마을 표지가 나올 뿐, 송광사의 표지는 어디에도 볼 수 없게 되었다. 낙안읍성도 순천만 생태 공원도 송광사도 다 사라져버리고 민속 마을과 순천만이 나타난 것이었다. 달리는 차 속에서 나는 당황 하였다. 도데 채 어디로 가라는 말인가? 나의 목표가 사라져 버린 것이나. 달리는 속도가 있기 때문에 빠른 결정이 필요 했다. 나는 민속마을을 먼저 가보기로 하였다. 민속마을 표지를 보고 길을 꺾어 든 나는 조금 지나 민속마을 17km라고 쓰여진 표지를 보게 된다. 나는 너무 멀다고 생각되고 길이 좁고 포장 상태가 좋지 않아 포기 하고 다시 돌아 나와 이번에는 하는 수 없이 순천만으로 가보기로 하였다. 요란하게 세계 정원 대회를 유치하였음을 축하하는 현수막들이 걸려 있는 길을 따라 약 10분 정도 나아가니 차들이 많이 서 있는 넓은 공간이 보이고 근래 지었음이 분명한 현대적 건물 한 채가 눈에 들어온다. 그 주차장으로 들어서며 나는 비로소 순천만 생태공원 표지를 보게 된다. 바닷물이 들어오는 광활한 갈대숲에 조성 된 공원은 수많은 사람들이 찾는 곳이 되어 있었다. 물길을 따라 탐조 선들이 다니고 넓은 갈대

밭을 돌며 관광할 수 있도록 축조된 나무다리는 때때로 구름다리처럼 치솟기도 하고 때로는 휴식처도 있어 사람들이 가까이서 습지를 관찰 할 수 있게 되어 있었다. 오래 전 사용하던 작은 배 들을 그 휴식처에 배치해 그 위에서 쉬기도 하고 사진도 찍을 수 있도록 한 현장이 여러 곳 있었다. 참 잘 생각하였구나 하는 감탄이 절로 나온다. 습지에는 게며 짱뚱어, 그리고 이 들을 잡으려 노리고 있는 도요새며 왜가리들이 관광객들에게는 전혀 관심을 보이지 않고 오로지 먹이 사냥에 정신을 집중 하고 있었다. 습지를 통과 하여 이번에는 나도 모르게 용산 전망대를 오르게 되었다. 그 전망대는 습지에서 바라다 보이는 나지막한 능선 상에 있는 듯 했다. 걸어 올라가면 금방이라도 도착 할 것 같은 낮고 작은 구릉이었다. 나는 이내 도착 할 것으로 생각하고 전망대로 간다는 경사가 심한 나무다리를 오르기 시작 하였다. 나무다리는 이내 끝나고 좁은 등산로가 시작 되었다 한 참을 오르고 내리더니 이번에는 나무 교각이 높은 나무 숲 사이로 이어진 곳이 나온다. 남 호주의 트리 탑(tree top)을 연상케 하는 장면이었다. 조금 더 가니 드디어 목표 지점인 전망대가 나타난다. 생각보다 산길은 길었다. 밑에서는 전혀 볼 수 없는 아름다운 전망이 눈 아래로 펼쳐진다. 이 아름다운 전망이 있음을 안 몇 사람들이 이곳에 전망대를 세우고 람사르총회에 참석한 사람들을 이곳으로 안내하였으리라. 만일 이 곳 전망대가 없었다면 아마도 용의 얼굴에 눈이 없는 결과가 되었을 줄도 모르겠다는 생각이 들 정도로 그곳은 상상을 초월 하는 색다른 아름다움이 있었다. 아름다움을 아는 몇 사람 덕분에 지금 수많은 사람들이 습지의 중요성과 자연의 아름다움을 인식하고 있는 것이다.

습지공원에서 나온 나는 습지공원의 아름다운 설계에 순천시청에 대한 신뢰가 생겨 이번에는 낙안읍성 민속마을로 가보기로 하였다. 습지생태공원을 나선 나는 이내 표지를 발견 하고 아까 가려던 좁은 길로 들어섰다. 몇 분을 가니 내가 가던 좁고 오래된 길과 나란히 병행하는 큰 길이 나오고 그 곳에도 낙안읍성 민속마을 표지가 있다. 나는 그 넓은 길로 들어섰다. 아름다운 길이었다. 도시의 외곽에 있는 길로는 믿어 지지 않을 만치 아름다운 숲길이었다. 먼 길이었다. 그러나 아름다운 마을에 대한 희망을 갖게 하는 길이었다. 나는 가면서도 계속 낙안읍성이라는 표지가 없는 것에 의아 해 하며 갔다. 숲길이 끝나고 황갈색의 농촌 마을이 시작 되더니 이내 앞에 성이 보인다. 넓은 주차장에 주차를 하고 성문 앞으로 갔다. 그 곳에 안내판이 서 있었다. 나는 그제서야 낙안읍성과 낙안읍성 민속 마을이 결국 같은 곳이었다는 사실을 깨닫는다. 나를 혼란시킨 것은 결국 교통 표지판과 관광 안내 표지판이 서로 달라 생긴 현상이었다. 하나는 낙안읍성이라고 하고 또 다른 하나는 낙안읍성 민속마을이라고 하니 자연히 혼란이 야기 될 수밖에 없었던 것이다.

교통표지판이 혼란을 야기 하는 것은 고속도로도 마찬 가지다. 송광사를 가려고 하였던 계획이었는지라 다음 날 나는 다시 여수의 디오시안을 출발하여 17번 도로를 따라 북으로 올라오다가 호남 고속도로, 25번 고속 국도 표지를 발견하고 우회전을 하였다. 그 순간 나는 그만 당황해버렸다. 길을 잘못 들어 온 것으로 생각이 되었기 때문이다. 우회전하는 도로입구에 서있는 교통표지판은 산업단지 표지만이 있었기 때문에 고속도로로 연결되는 도로인지 여부가 알 수 없게 되어 있었기 때문이다. 하는 수 없어 길을 돌아 다시 원점으로 돌아 온 후 나는 내가 우회전 한 곳이 맞는지 다시 확인을 하게 된다. 길은 분명 그 길이었다. 그 길 조금 전에 있는 우회전 도로는 여수의 한 마을로 가는 길이었고 고속도로 접근로는 분명 내가 처음에 들어섰던 그 길이었다. 그럼에도 불구하고 나는 전혀 고속도로 표지가 없이 다른 표지 만 있는 길에서 다시 당황하게 된다. 이번에는 아까보다 조금 더 가보자 하고 나아가니 고속도 표지가 나온다.

송광사에 들린 후 나는 송광사 톨게이트를 빠져 나와 다시 25번 고속국도를 타고 서울로 향했다. 처음 내가 본 표지판은 14번과 25번이 같이 표기 된 표지판이었다. 고속도로로 들어섰다. 조금 가니 같은 25번인데 전주 가는 길과 광주 가는 길이 나뉘어 나온다. 이해할 수 없는 사태를 맞은 것이다. 그러나 무슨 사정이 있겠지 하고 전주 가는 길로 접어들었다. 조금 더 가니 올림픽 고속도로인 10번 도로가 좌우로 연결 되는 지점이 나온다. 도로 번호는 14번 10번 이 나올 뿐 어디에도 25번 도로는 없다. 빠르게 달리는 도로 상에서 나는 어쩔 줄 모른 상태에서 10 번 도로로 접어드는 길을 지나쳐 가게 된다. 도무지 어디로 가라는 말인지 알 수가 없다. 나는 계속 전진할 수밖에 없었다. 장성이 나오고 그 곳에서 14번과 25번 도로가 다시 만나게 되는 것을 알았다. 이 무슨 표지 방법이라는 말인가! 25번 도로로 들어섰다. 나는 계속 전진한다. 그런데 대전 못 미쳐 25번 도로가 이상하게 회전한다. 대전 가는 고속도로와 25번 고속도로가 다시 나뉘는 지점에서 나는 다시 당황하게 된다.  번호를 따라 25번 도로로 접어들었다. 조금 더 가니 톨게이트가 나온다. 호남 고속도로 중간에 톨게이트가 있는 것이다. 이 것은 또 무엇인가? 톨게이트에서 물었다. 왜 중간에서 돈을 받는가 하고. 집표 요원의 답은 이곳은 민자 고속도로라는 것이다. 호남 고속도로에 민자 부분이 있었다는 말인가? 그 고속도로는 논산에서 천안으로 이어지는 도로였다. 나는 원래 호남고속도로에서 중부고속도로로 접어들어서 이천나들목에서 내리려고 하였던 것인데 천안까지 가버리면 중부고속도로로 갈 수가 없다. 그렇다면 분기점에 중부고속도로로 접근하는 방법을 안내 해 놓아야 하는 것 아닌가? 그 혼란스런 표기 덕분에 나는 결국 길을 많이 돌아 안성 음성 간 고속도로를 타고 중부고속도로로 들어오게 된다. 물론 고속도 요금은 분명히 내 원래 계획에 비해 많이 내었을 것이다. 그 돈은 누가 변상하나? 소송을 해? 나는 그만 내 생각에 지쳐 버렸다.

## 9) 영종도 주민 이야기

영종도 하늘 도시로 이사온 것은 2012년 12월1일이었다. 집에서 파아란 바다가 내려다보이고 푸른 산 넘어 저녁 햇살에 반짝이는 만에는 작은 섬들이 둥둥 떠 있어 모든 풍광은 환희 바로 그것이었다. 아파트 정원은 더 이상 잘 해놓을 수 없다고 생각될 정도로 아름다웠다. 입주가 덜 되어 조용하고 모든 것이 깨끗했다. 나는 매일 아내와 정원을 산책하며 노래하고 즐거이 이야기하고는 하였다. 입주를 촉진시키기 위해 LH 공사에서 무료 셔틀 버스도 수개의 전철역까지 운행하고 있어 교통 역시도 편리 했다. 2년이 지나가며 주민들이 늘어나고 처음에는 없던 버스 정류장들이 들어섰다. 정류장은 이내 쓰레기장이 되었다. 음식 먹고 남은 것 버리고 음료 마시고 컵 버리고 과자 먹고 비닐 봉투 버린다. 담배꽁초는 기본으로 쌓여 있다. 단지 내의 쓰레기장도 거의 매일 지저분하고 정원 한 가운데 있는 연못에는 여름 한철 제외하고 물이 없어 오싹할 정도로 삭막함이 든다. 사람들이 울타리를 넘어 다녀 곳곳에 잔디는 죽고 그 대신 흙 길이 생겼다. 하루는 울타리를 넘어 다니는 아이들을 불러 세워 주의를 주었더니 "선생님이 이리 넘어 다녀도 좋다고 했다."는 것이다. 거짓말이

려니 생각되었지만 무엇인가 근거가 있는 듯하여 학교를 찾아 가 보려 했으나 아직 행동에 옮기지는 못했다. 어느 날 관리 사무소를 찾아가 울타리 훼손된 상황을 이야기 하였더니 그 후 울타리를 더 둘러치고 넘어 다니지 말라고 팻말도 세워놓았다. 그랬더니 이내 흙 길 하나가 더 생겼다. 하루는 아이 손을 잡고 아주머니 한 명이 울타리를 넘어 가려 한다. 아이는 안가려 하는데 아주머니가 막 야단을 하며 아이를 끌고 울타리를 넘어간다. 차마 아이 앞에서 아주머니를 불러 세워 얘기할 수가 없어 아무 말도 하지 못했다.

정원에 나와 피어대는 담배 연기로 인해 가슴이 아파와 산책을 할 수 없을 정도다. 아이들이 놀고 있는 차가 다닐 수 없는 단지 내 도로는 오토바이가 소리 지르며 질주하고 뿜어내는 매연은 오래도록 사람들의 가슴을 아프게 한다. 쓰레기는 여기 저기 버려져 있고 단지 밖 버스 정류장 부근에 횡단보도가 있으나 사람들은 아무 곳이나 막 건너다니고 사람들이 버스에서 내리는 지역의 잔디는 다 죽어버렸다. 무심하게 사람들이 다 밟아내려 살 수가 없게 된 것이다. 버스 운전사의 행동거지는 험악하기도 하여 항상 조심스럽다. 셔틀 버스가 운서 역에 도착하면 사람들이 내리는데 어느 누구도 횡단보도를 이용하지 않는다. 대로를 막 건너 역 광장으로 가는 것이다. 2년 동안 지켜보아도 좀 떨어진 횡단보도를 이용하는 사람은 우리 부부를 제외하고는 한 명도 보지 못했다. 나는 횡단보도를 이용하는 사람을 만나면 상으로 주려고 내가 쓴 책을 항상 가지고 다닌다. 그러나 아직 그 책은 내 가방에서 나오지 못하고 있다. 동네에는 잘 가꾸어진 공원이 여럿 있다. 그러나 그 공원에는 항상 담배꽁초가 그득하다. 벤치가 있는 곳마다에는 항상 희끗희끗한 담배꽁초들이 보여 앉을 수가 없다. 정자에도 쓰레기들이 마구 버려져 있다. 빈 공터에는 자연스레 피어난 야생화들이 너울거려 참 아름답다. 그러나 가까이 가보면 온갖 쓰레기들이 버려져 있는 그 곳은 인간들의 무책임한 행태를 보여주는 박물관이 되어 있다. 빗물 배수구에는 비닐봉지며 담배꽁초들이 수북이 쌓여 있다. 인도에는 곳곳이 꺼뭇꺼뭇하다. 껌을 버린 곳이 변색 된 현장이다. 일본 사람 들이 이걸 보고 꺄르륵 웃던 모습을 언제인가 TV에서 본 기억이 난다. 그래서인지 일본 사람들 만 만나면 왠지 부끄러움이 앞선다. 이 사람들이 볼까 봐 두려운 것이다. 나는 처음에는 중국에서 넘어온 동포들이 버리는 행태이려니 했다. 그러나 그것이 아니었다. 거의 모두 내국인이며 우리가 수많은 세금을 들여 길러낸 세대들이다.

학교에서 그 많은 세월 동안 가르쳐 길러낸 대한민국의 국민들인 것이다. 그래도 전교조는 학생들에게 사상만 가르치려 한다. 그들이 가르쳐온 모든 것을 전도시키는 교육이 이런 오늘을 만든 것이 아닐까? 선생님이 울타리 넘어 다녀도 된다고 하였다는 그런 교육을 말이다.

춘원 선생의 자서전 적 글에 나오는 마을 청결운동을 다시 하여야 할 듯하다.

그 시절 이후 백 년이 넘게 세월이 흘렀다. 그때처럼 다시금 마을마다 감독관이라도 두고 매일 청결 상태를 점검하며 다녀야 할 것 같다. 새마을 운동이라도 다시 시작 하여야 할 듯하다.

**김 영 수**

23회

여행작가, 수필가

저서 『내가 본 네모진 하늘』 외

yuyu@yuyutour.com

# 글과 그림

# Chapter 07

# 대월독작(對月獨酌) 외 4편

이 석 희

밝고 둥근 달이라고
어찌 항상 반가우랴
아련한 님 생각
구름을 밀어내면
애련의 빙륜(氷輪)
수줍은 듯 고개 든다

강상(江上)허주(虛舟) 빈 낚싯대
달 하나 걸어두고
만취(滿醉)노옹(老翁)
천일몽(千日夢)을 꾸고 있다

눈동자 비친 달빛 너무 눈부시어
내 눈 감으면 님의 눈에 뜨는 달
님의 눈 감으면 나의 눈에 다시 뜨고
밤이 다하도록 숨바꼭질하는 마음

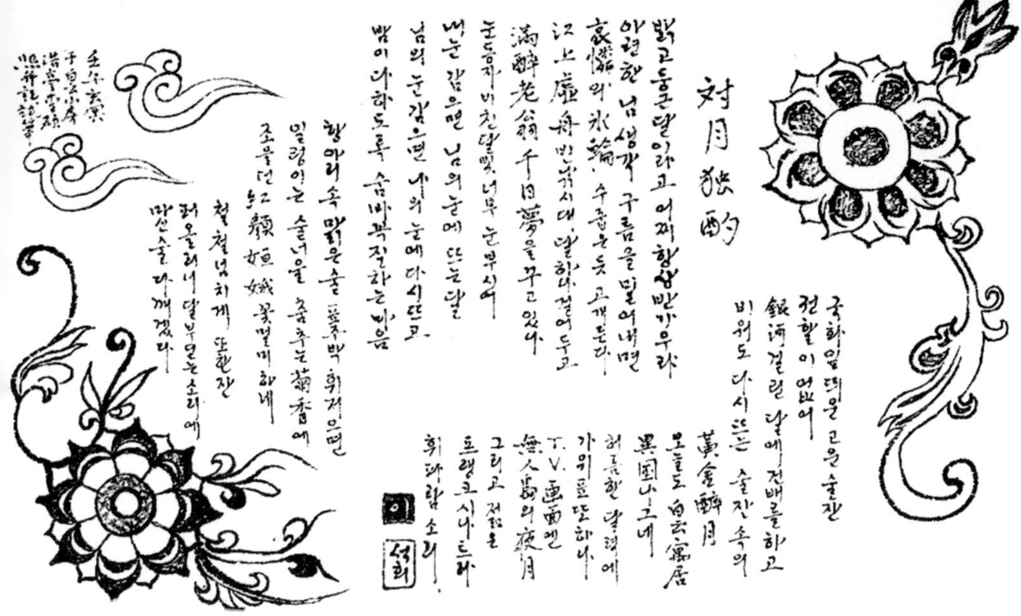

항아리 속 맑은 술 표주박 휘저으면
일렁이는 술 너울 춤추는 국향에
조을던 홍안(紅顔) 항아(姮娥) 꽃멀미하네

철철 넘치게 또 한잔 퍼올리니
달 부딪는 소리에
마신 술 다 깨겠다

국화잎 띄운 고운 술잔
권할 이 없어
은하 걸린 달에 건배를 하고
비워도 다시 뜨는 술잔 속의
황금(黃金)취월(醉月)

오늘도 백운(白雲) 우거(寓居)
이국 나그네
허름한 달력에
가위표 또 하나

TV 화면엔
무인도의 야월(夜月)
그리고 젊은 프랭크 시나트라
휘파람소리

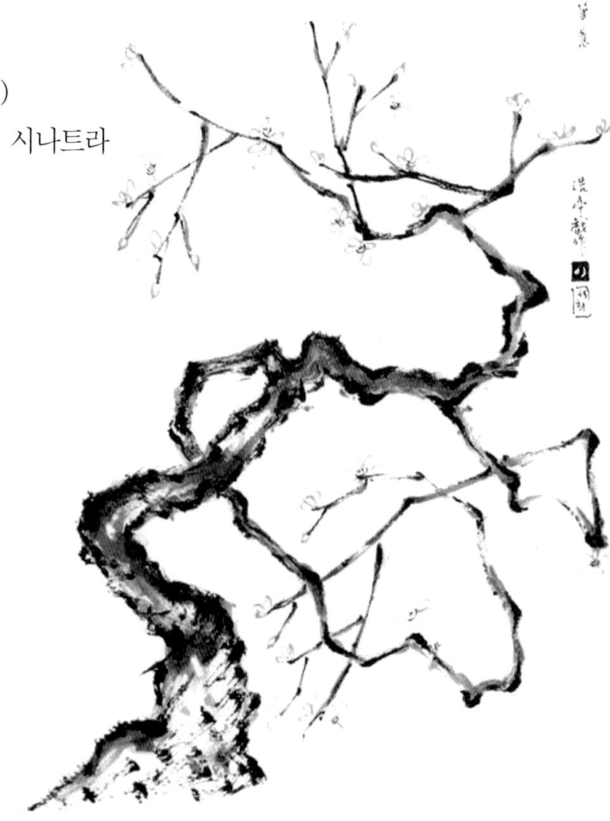

# 추억의 갈피

1.

넘실대는 강물 따라 흐르는 달빛 맞으며
매화향 출렁이는 강변에 서면
새벽안개 스멀스멀 손등을 간질이고
산새도 작은 눈 깜빡이며
꿈길을 벗어난다

녀석도 날 닮아
아쉬운 그리움 붙잡고
또 하루를 살아야 하나

아무리 소국의 반도에 태어난 몸이라고
대의와 품위마저 지키기 어려울까보냐

II.

북한산자락 스치는 인연 따라
잠시 깃들었던 평창동 긴 다락방엔 지금쯤
달빛 받은 소나무 갖은 자태로 춤추고
솔잎마다 참 이슬 송송 맺혔어라

영롱한 달빛 구슬마다
상아의 숨결 같은 잔물결 일어도
술잔에 달을 받아 더불어 마시자던 옛 친구 없으니
오늘 밤 고독은 더욱 사무쳐라

# 피의 몸짓

서러웠던 날 만큼
칼을 품은 번뇌도
외로움 함께 감옥에 가둬 버린 채

안개 낀 바다위의 부표들
핏빛 노을에 훨훨 타는 사이

손톱에 피를 찍어
벽에 대를 치고
바닥에 난을 친다

# 친구가 그리운 날

황갈색 아카시아 마른 잎새
가을비처럼 추적추적 날리고

동가식서가숙 하던 낭인 시절
동고동락하던 동지들 지리멸렬인데

대의는 어디가고 온정주의가 판치는
천하대란의 이 난세에
너는 어찌 언 땅속에 속 편히 누웠는가

불 댕긴 담배 한 대
종이컵 넘쳐나는 소주에
뜨거운 목젖을 달래보지만

금잔디 무덤 위에 불가사리 같이 내려앉는
핏빛 붉은 단풍이 서러운 날은
그대 더욱 그리워

시름을 달래려 한 잔 술 올리노니
넋이라도 있거든 내 마음 거두어 가주오

# 가는 세월

봄도 이울어가고
신록이 들 무렵

밤새도록 울어대는
소쩍새 소리 처량터니

어느새 달마저 이울고
새벽이 보라색으로 물들어온다

※ 페이퍼타올에 붓펜으로 그린 그림

**이 석 희**

24회
화가, 시인
정일 세무법인 대표 회장
dol3343@hanmail.net

# 문우회원의 출간 소식

… 법대 문우의 저서 발간 …

최종고

## 춘원 따라 러시아기행 : 최종고 교수 여행시화집

저자는 2013년 8,9월과 2014년 9월, 세차례 러시아의 바이칼 호수, 연해주의 블라디보스톡과 하바로프스크, 그리고 치타(Chita)를 여행하였다. 그는 근년 춘원 이광수 연구의 일환으로 춘원이 1914년에 밟았던 발자취를 찾아 답사여행을 한 것이다. 특히 치타에는 춘원이 미국으로 가는 길에 7개월 살았는데, 제1차 대전의 발발로 좌절되어 돌아온 곳이다. 그러나 이런 경험을 바탕으로 그의 <유정>을 집필하였다. 최 교수는 이런 역사를 따라 현장에서 시와 그림으로 담았다. 바이칼여행 16편, 연해주기행 24편, 치타기행 24편의 시와 군데군데 현장그림으로 장식하고 있다. 춘원의 역사와 현장감을 더하며 읽을 수 있다.

**(관악문화사, 2014)**

유동식 / 최종고

## 신과 인간, 미술에서 만나다 : 화가목사 이연호 평전

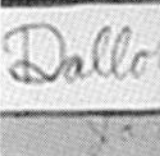

이연호(1919-1999)는 한 평생 목회를 하면서 그림을 그린 화가목사이다. 해방 후 한강변에서 거지들을 모아 교회를 세우면서 미군부대에서 박수근과 함께 미군들의 초상화를 그렸다. 이것이 알려져 미국 <타임>지에 다섯번 소개되기도 했다. 한편 그는 춘원 이광수의 글들을 읽고 감동받아 춘천고교 재학시 독서클럽 상록회의 회장으로 활동하다 2년 6개월의 옥고를 치루기도 하였다. 그것이 독립운동으로 인정되어 현재 대전국립묘지에 안장되어 있다. 연세대 명예교수인 유동식은 춘천고교 1년 후배이고, 최종고 교수는 법대 재학시부터 이연호 목사를 알아온 인연이 있어 공저로 내게되었다. 본서에는 이연호의 그림이 50여점 컬러로 수록되어있는데, 특히 60년대 중반 빈민촌의 판자집들이 철거되고 아파트가 서는 광경을 세밀화로 그린 작품들은 역사적 가치가 큰 것으로 평가되고 있다. 이촌동교회는 한국의 전통미와 조화된 기독교미술관이라 할 만하다고 평가하고 있다.

**(한들출판사, 2014)**

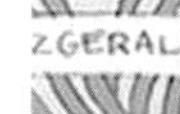

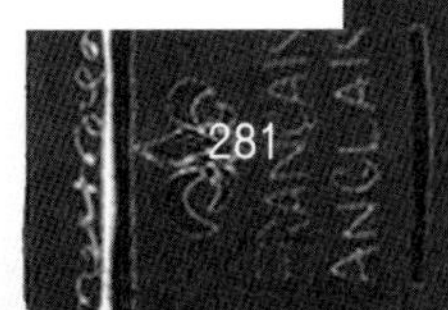

## 서울법대 12회 동창회 **인생담론집**

46배판 353쪽의 본서는 제12회(87)동창회가 법대입학 60주년과 인생80의 두 경사를 기념하여 낸 문집이다. 43명의 동기가 글을 내었다. 2022년 88세까지 한 사람도 타계하지 말고 건강하게 살아서 합동미수(米壽)를 축복 속에 성대히 갖자고 야무진 약속을 적고 있다. 여생을 행복하게 살면서 모두 '최소 90세 이상 생존목표'를 갖고 공생하면서 최선의 노력을 경주하자고 허성욱 회장은 적고있다. 글의 제목들은 약간씩 다르지만 대개 자신의 인생사를 회고해 적고있다. 이상혁 변호사의 특히 자세한 이력서를 적고있다. 고인이 된 동기의 글과 미망인의 글도 실려 있다. 편집위원으로 박송규, 김광현, 김영훈, 석성환, 이상혁, 이상휘, 이종일이 수고하였다. 이 동기회는 매월 <서울법대 87동창회보>를 발행해 우편과 이메일로 보내고 있다. 앞으로도 모두 건강 건필을 빈다. **(염광사, 2014作)**

## 서울법대 24회 동기회 **나의 인생이력서**

24회가 낸 <나의 인생이력서>는 자신의 인생이력을 압축적으로 적고 있다. 말이 동창이지 죽고 나면 제대로 아는 것이 없는 법대동기의 '운명'을 생각해 가족과 동창에게 남길 기본사항(출생지, 생년월일, 출신학교, 결혼일 등)을 자신의 손으로 미리 쓴다는 취지를 밝히고 있다. 이렇게 자신의 인생을 객관화시키는 것은 결코 쉬운 일은 아니고 다소의 용기를 필요로 한다. 써놓고 보니 동기끼리도 새로 알게되는 듯하다는 얘기가 나온다. 25인이 참여하였는데 앞으로도 한 권 더 낼 계획이라고 이재형 회장은 밝히고 있다. 김상철, 김학원, 이극로, 이사성 등 작고동기에 대하여도 자세히 정리 기록한 것이 돋보인다. 각 기별동창회는 대개 70세를 바라보며 문집을 출간하는 새로운 전통을 이루고 있다. 경험이나 느낌을 적은 문집을 내는 것은 자유이지만, 동기들의 인생자료를 기록해놓는 것은 동기회의 일차적 사명이다. 특히 법대 동문은 이 사회의 지도적 위치에 있는 인물들로 각자가 자신의 인생을 객관화하여 기록해 두어야할 책임이 있다. 요즘은 자신의 전기를 남이 써줄 여유가 점점 희박해진다. 자신에 대해 가장 잘 아는 사람은 자기이다. 앞으로 각 기별로 이런 류의 문집이 계속 나와 한국인의 전기(傳記)문화와 투명사회의 운동으로 확산 축적될 수 있기를 희망한다. **(2014作)**

### 법대 80학번(38회) 졸업30주년 기념문집 **우리 가는 길**

제38회 80학번이라면 본고사 마지막 학번으로 제5공화국을 대학생으로 체험한 세대이다. 황형명(변호사) 회장은 이렇게 적고 있다. "흔히들 인생을 여행에 비유한다. 우리는 인생이라는 여행에서 어떤 얘깃거리를 가지고 지내왔을까? 어떤 스토리를 입혀서 남에게 보여주고 살아갈까? 대학시절 4년 동안 비슷한 길을 걸으며  같이 여행을 하였다지만, 그 후로는 다들 수많은 길을 걸으며 제각각의 사연들을 지니고 여행했을 것이다. 걸 멋진 얘깃거리로 만들면 얼마나 멋져 보일까 하는 생각이 모여 이 문집이 나오게 되었다". 160명의 동기생 가운데 24명이 참여하여 다소 아쉬운 감을 느끼게 한다. 이 동기회는 지난 11월 22일 시내 조선호텔에서 30주년 기념모임을 가지면서 이 문집을 배부하였다. **(경성문화사, 2014作)**

### 김용균 **낙타의 눈**

서울행정법원장을 끝으로 30여 년간 판사생활을 하다 변호사로 활동하는 저자가 틈틈이 쓴 시들을 모은 첫 시집이다. '산과 함께 한 사계(四季), 그리고'란 부제가 붙어있다. '시를 쓴다는 것은'이란 '머릿시'에서 이렇게 말한다. "시를 쓴다는 것은/지친 발걸음에 흥겨운 장단을 맞춰보는 일이다/굳어진 생각들을 상상 속으로 떠나보내는 일이다/늘 불화했던 이 세상에게 연애를 걸어보는 일이다/가장 낮은 곳에 한 자연이 서서 저 높은 자연을 우러르는 일이다/내가 시를 쓴다는 것은/이 모든 일들이 두려워서 짐짓 안 그런 척 딴청을 부려보는 일이다". 176쪽에 걸쳐 봄,여름, 가을, 겨울 4부로 나눠 120편의 시가 실려있다. **(리포피아, 2014作)**

### 박수중 **시집, 볼레로**

시인 박수중의 "꿈을 자르다"에 이은 두 번째 시집이다. 그는 두 번째 시집을 내며 더욱 두려움을 느끼고 있다. 그의 시들이 그의 내면을 떠나 망망대해로 나가 방향을 잃고 헤맬까 두려운 것이다. 그처럼 그의 시어들은 물고기처럼 살아 움직인다. 망망대해에도 물줄기가 일정한 법칙으로 흐른다. 그는 그 물줄기의 경계를 일탈할 듯 아니할 듯 아슬아슬하게 유영하고 있다. 그래서 더욱 긴장된다. **(미네르바 2014)**

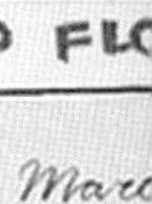

김영수 수필집

## 서울 사람 시골살기 시골사람 서울 통근하기

IMF경제 위기 때 경기도 양평의 산골로 이사가 10년 여 청량한 계곡수와 산속의 새, 온갖 곤충 그리고 꽃들과 더불어 살아오며 자연 속에서 용서와 화해를 배운다. 그러나 주간에는 서울로 출근해야 하는 상황. 전철이 생기며 저자는 전철 속에서 많은 군상들을 본다. 점차 삭막해져가는 서울에서 쫓겨난 사람들의 아픔과 콘크리트 숲에 사는 사람들의 메말라 가는 모습들을 그리고 있다. (문학공원 2014)

## 김영수 문화기행기 해안선에 남겨진 이름들

오랜 역사 속에서 다양한 문화와 사람들이 오고 갔을 우리의 해안선에는 어떤 흔적들이 남아 있을까? 저자는 우리의 해안선을 동해안부터 따라 내려오며 이름의 형태로 남아있는 역사의 흔적을 찾아 기록한다. 역사도 있고 문화도 있다. 고대 해양 세력들이 남긴 흔적들, 해안에서 태어난 예술인들, 저항하는 사람들 등… 이 기록은 일종의 문화적 지리서이다.

(문학공원 2014)

## 오치용 수필집 꽃섬이야기

기독교 목사이기도 한 저자는 현재 난지도의 역사를 유네스코에 문화유산으로 등재하자는 시민운동의 지도자다. 어린 시절 우연한 난지도와의 인연 속에서 운명적 연관성을 발견한 그가 수십 년 만에 다시 난지도로 돌아와 난지도의 어제와 오늘 속에서 인류 문화유산으로 남겨야 할 요소들을 찾아 이 책에 아름답게 기록하고 있다. (도서출판 난빛 , 2014)

# 문우회 일지

2014.1.16.

**Fides 2 집 / 박수웅 문우 시집 『볼레로』 출판 기념 모임**

참 석 자: 고광우 김광로 김영수 윤경희 윤석분 이대황 주광일 최종고

장　　소: 서초동 남촌

진행상황: Fides 2집 배포, 박수웅 문우의 새 시집 볼레로 배포,

결의사항: 1)기금 각 20만원 씩 갹출하여 Fides출판 비용 등으로 사용 하자.
(동창회 지원 규모 축소로 인함)
2) 향후는 Fides를 시중 판매키로 하고 매 발간 시 책 명은 그때 그때 별도로 정하되 Fides명칭은 부기 한다
3)동창회 신년회에는 300부를 보낸다

권유사항: 매월 글 모임에 보다 적극적인 참여 요망,
향후는 Fides 편집용 작품을 별도로 모집 하지 않고 매달 글 모음에서 추려서 전재 하기로 함

2014.3.11.

**스토리문학 법대 문우회 특집 발간 / 김영수의**
**『서울사람 시골 살기 시골사람 서울 통근하기』 출판 기념 모임**

참 석 자: 김광로 박수중 김영수 주광일 이석희 최종고 손해목 오치용 윤대석

장　　소: 서초동 남미옥

비용지출: 이석희 문우가 전액 부담

회　　비: 20-30,000 씩 걷어 공동기금으로 산입
스토리문학 5권 / 김영수의 신작, 『서울사람 시골살기 시골사람 서울 통근하기』를 한 권씩 배포

오치용의 "난지도 문화 역사 유네스코에 등재하기" 프로젝트 설명.

최종고 교수의 춘원 동상 건립 프로젝트 설명/화가이며 목사였던 타임지에 5번 소개된 분(이연호 목사)의 이야기

2014. 4. 23.

인물학회에서 발표한 전혜린 여사와의 추억 그리고 평론에 박수중, 김영수, 최종고 참석.

시조작가 박영희 여사의 감동 어린 추모담, 이동하 교수 동생 이동희의 담담한 평론 후 식사. 박영희 여사는 제자이고 특히 독우회의 일원으로 전혜린 여사에게서 사사한 분으로 섬세하게 전혜린여사를 묘사하여 많은 분들의 감동을 일으킴

2014.7.1
박영희 시조시인의 초청으로 galleria의 Tasting Room에서 만찬을 즐기다.
참석자: 주광일, 박영희, 정태익 (전 러시아 대사, 외교 협회 회장), 김진환, 오치용, 최종고, 김영수
논 의 : Fides제3호 편집 방향/ 시조창/ 톨스토이

2014.10.10
Fides 제3집 편집 방안 및 최종고의 『나의 일생』 (춘원 자사전)
김영수의 『해안선에 남겨진 이름들』 출판 기념 모임
장 소: 남미옥
참석자: 이대황, 주광일, 김광로, 오치용, 김영수, 최종고
(특별 손님:진미경 아주대 교수)
논의사항: Fides 제3집 편집 및 발간 관련 토의
비용부담: 최종고.
책 교환: 김영수의 『해안선에 남겨진 이름들』,
최종고의 『춘원 따라 러시아 기행』
책 소개: 최종고의 『나의 일생』 (춘원 자서전)

*기타 사항
1. 발행부수: 각 회원들에게 필요 부수를 사전에 확인하여 그 총 부수 + 동창회 필요 부수의 합계로 하되 일단 700부를 상한선으로 함
2. 각 작품 작가 소개: 이름, 졸업 년도, 현직 그리고 저서와 사진을 소개함
3. 각 장르 별 배열 순서: 졸업 연도 별로 상위 연도부터 하위 연도로
4. 교정: 발간 전 각 작가에게 개별 교정의 기회를 갖게 함
5. 발간 비용: 동창회 지원금 + (필요시 저자들 분담)
6. 책자 크기: 작년도와 같은 크기
7. 작품의 선택: 그 동안 월별 글 모음으로 모아진 작품 전부를 게재하되 원고의 양 등을 고려하여 일부를 제외 시킬 수 있음
8. 책자의 발간 및 배포: 종전의 예에 따라 2015년 1월, 동창회 신년 하례식에 맞춰 발간하고 회의 석상에서 배포함/ 기타 개별적으로 필요한 부수는 사전 신청 받아 우송함
9. 한자의 사용: 한글 전용으로 인해 이해의 어려움이 있다고 생각되는 용어는 한자를 병기 함